全面・詳實・生動・權威

佛教百科

【密宗卷】

孕育出的絢爛宗教文化

青藏高原獨特的人文地理環境

李冀誠・丁明夷◎著

【前言】

　　密宗的起源，經中外學者的考證，基本認為約在佛陀滅後的千年左右，亦即大乘佛教的晚期，也可以說是印度佛教的衰敗時期。密宗的興起具有明顯的印度民族特性。早期佛教反對印度宗教傳統信仰，對於婆羅門教的多神崇拜、吠陀思想中的真言、密語乃至宗教儀軌，一概持排斥、批判和反對的態度。可是大乘佛教興起之後，這一立場逐漸動搖，轉而開始引進世俗的咒法觀念，並逐漸將真言、密咒佛教化。印度佛教把印度傳統婆羅門教中屬於禳災、祈福和多神信仰的世俗宗教觀念也全部吸收到佛教中，並且結合佛教高層次的教義和理念，如中觀、瑜伽、禪定等，從而形成了密宗。

　　從宗教社會學的觀點看，密宗的出現可以說是印度民族宗教信仰的充分表現。佛教早期的形態，雖然相當理性化、哲學化、倫理化，高度表現了人類的卓越智慧，但到了晚期還是跳不出本民族的信仰觀點。甚至也可以說，這種變化也許是當時大多數人的常見的基本心理。婆羅門教的密法，藉助佛教的理論，構成印度傳統佛教的新發展，同時展現了人類理性與神祕兩種心理要求的結合。婆羅門教、印度教滲入佛教，使印度佛教失去了本來面目，自然也就失去了其獨特立場，直至逐漸失去存在的必要性。

　　密宗雖在印度消失，卻在中國的西藏地區傳播開來，且由中國傳入日本、朝鮮半島，成為一派相當強盛的宗教勢力。它的起源和發展傳播，值得我們作深刻的探討和研究。特別是密教在傳入西藏後，形成獨樹一幟的「藏密」，建立政教合一的一統天下，這在中國佛教其他宗派中，尚無此例。因此，對於密宗歷史及其內容的了解，就更加重要。特別是探討宗教史和宗教社會學的人，若不了解密宗的發展、傳播，那麼對於西元七至十二世紀的印度，一千餘年來的中國漢地和藏地，以及影響日本文化的宗教勢力，都難於去作深度的認知。

　　中國專門論述介紹密宗的書籍不多，人們對密宗普遍感到神祕。本書的目的就是力圖從起源、形成、發展、傳播、義理、修習、儀軌等方面揭開密宗神秘的面紗，向人們介紹密宗各方面的基本知識，希望能對一般讀者或宗教學研究者有所裨益。

【目錄】CONTENTS

什麼是「密宗」？ /08

密教如何在印度形成？ /10

密教經歷了哪幾個發展階段？ /14

印度密教崇尚密咒是怎麼回事？ /16

「瑜伽」與密教有什麼關係？ /18

「大日如來」為何被密教尊崇？ /19

如何看待印度密教的「法統」？ /20

印度密教有哪些主要經典？ /21

何謂「密教四部」？ /22

「明王」、「明妃」是什麼意思？ /24

「金剛」是什麼意思？ /25

「大樂」思想與性力派有何關係？ /26

印度波羅王朝如何扶植密教？ /28

印度著名的密教寺院有哪些？ /29

印度密教滅亡的原因是什麼？ /30

印度密教的傳播情況怎樣？ /31

密宗是何時傳入中國西藏？ /32

蓮花生大師的生平事跡有哪些？ /34

藏密「前弘期」有哪些特點？ /36

朗達瑪滅佛對密宗有什麼影響？ /37

藏密「後弘期」有哪些特點？ /38

譯師在傳播密宗方面有何貢獻？ /39

西藏苯教經歷了哪些歷史變化？ /42

阿底峽對藏傳佛教的貢獻如何？ /44

宗喀巴對密宗的發展有何貢獻？ /46

寧瑪派側重的密法是什麼？ /48

寧瑪派的大圓滿法是什麼意思？ /50

噶當派側重的密法是什麼？/51

《菩提道燈論》的內容是什麼？/53

薩迦派側重的密法是什麼？/55

八思巴的生平事跡如何？/58

薩迦派的「道果法」內容如何？/60

噶舉派側重的密法是什麼？/62

「大手印法」的內容是什麼？/64

什麼是「寧瑪九乘」、「三部」？/65

希解派的教法是什麼？/66

覺域派及其密法是什麼？/68

覺囊派及其密法是什麼？/70

郭扎派由誰創立，該派情況如何？/73

夏魯派由誰創立，該派情況如何？/74

格魯派的顯密教法是什麼？/75

「緣起性空」是什麼意思？/79

藏傳佛教寺廟有哪些特點？/80

布達拉宮是一幢什麼樣的建築？/82

桑耶寺是一座什麼樣的寺院？/86

拉薩三大寺是哪三座？/88

甘肅、青海、內蒙古等地的藏傳佛教寺院有什麼特點？/90

西藏佛寺壁畫有哪些主要流派？/92

什麼是「六字真言」？/94

藏傳佛教的主要典籍是哪些？/96

藏傳佛教密宗的義理是什麼？/97

藏密義理「三密為用」和「四曼為相」是什麼意思？/98

藏密義理「五佛五智」和「六大為體」是什麼意思？/100

藏密義理「因、根、究竟」如何解釋？/102

【目錄】CONTENTS

「樂空雙運」是什麼意思？/104

藏密為什麼有憤怒、恐怖的神？/106

什麼是歡喜佛？/108

藏傳佛教的神主要有哪些，其特點如何？/110

藏密的修習組織、制度和次第是怎樣的？/114

藏傳佛教有哪些專門修習機構？/118

何謂藏密的灌頂？/120

藏密的傳播情況是怎樣的？/122

藏傳佛教的封號主要有哪些？/124

達賴喇嘛、班禪的名稱最早何時出現？/126

中國漢地早期密部典籍的譯傳有哪些？/130

何謂「開皇三大士」？/132

「開元三大士」與漢地密宗正式形成有什麼關係？/134

什麼是「金胎兩界」密法？/136

中國密宗祖庭在哪裡？/138

中國密宗主要供奉哪些造像？/140

什麼是曼荼羅？/142

什麼是五方佛？/144

什麼是八大明王？/145

什麼是八大菩薩？/146

什麼是三十三觀世音菩薩？/147

什麼是千手千眼觀世音菩薩？/148

什麼是地藏菩薩與十殿閻王？/150

什麼是十二圓覺菩薩？/152

什麼是陀羅尼經幢和經變？/154

什麼是藥師經變？/156

什麼是孔雀明王？/157

什麼是密理瓦巴像和大黑天？/158

四天王中為什麼最盛行毗沙門天王像？/160

中國現存哪些初唐密宗造像？/162

敦煌現存主要密宗題材是什麼？/164

密宗造像為何盛行於四川，四川石窟中的密宗傳承是什麼？/166

柳本尊、趙智鳳的事跡有哪些？/170

大足密宗石刻有哪些特點？/172

杭州飛來峰和北京居庸關元代造像為什麼重要？/174

安青龍寺惠果在中國佛教史上有什麼貢獻？/176

什麼是日本東密和台密？/178

空海在日本佛教史上地位如何？/179

法門寺出土文物與晚唐密宗有什麼關係？/180

雍和宮是一座什麼樣的寺廟？/182

外八廟包括哪些寺廟？/184

劍川石窟與密宗有什麼關係？/185

涼山岩畫與密宗有什麼關係？/186

水陸畫與密宗有什麼關係？/187

藏傳佛教的法器有哪些種類？/188

什麼是「密宗」？

所謂密宗，也稱密教（Esoteric Buddhism），國際上一般通稱怛特羅（Tantra）佛教，也有稱為真言乘（Mantra-yana）、持明乘（Vidya-dhara-yana）、密乘（Esoteric-yana）、果乘（Phala-yana）、金剛乘（Vajra-yana）者。它是印度大乘佛教發展的後期階段，也是最高階段。

密宗自稱受法身佛大日如來深奧秘密教旨傳授，為「真實」言教，故名。傳說大日如來授法金剛薩埵，釋迦逝世八百年時，龍樹開南天鐵塔，親從金剛薩埵受法，後傳龍智，龍智傳金剛智和善無畏。但學術界認為密宗是西元七世紀以後印度大乘佛教一部分派別與婆羅門教相結合的產物。它盛行於今德干高原等地，以高度組織化的咒術、儀禮、民俗信仰為其特徵。主要經典是《大日經》、《金剛頂經》、《蘇悉地經》。

佛教有顯宗、密宗之分。顯宗是釋迦牟尼（應身佛）所說的種種經典；密宗是毗盧遮那（大日）佛（法身佛）直接所傳的秘奧大法。顯宗主張公開宣道弘法，教人修身近佛；密宗重視承傳、真言、密咒，以求即身成佛。顯宗要人悟道；密宗要人修持。顯宗典籍，主要是經、律、戒、論；密宗除此以外，更有頌、讚、法、咒、儀軌、瑜伽、契印等等。顯宗有行、住、坐、臥四種威儀；密宗除此以外，尚需「觀想」。學顯宗，「若能真正

般若觀照，一刹那間，妄念俱滅，若識自性，一語即至佛地。」（《壇經》）學密宗，必須隨師傳授，遵守嚴格儀軌，從初皈灌頂到金剛上師，都有一定的修習程序，不可越等強求。由此可見顯、密二宗的不同。

◀ 西藏阿里神山岡仁波齊腳下的羊群。青藏高原神秘、嚴酷的自然環境，塑造了密宗獨一無二的宗教氣質。

▲ 西藏拉薩哲蚌寺的喇嘛在法事中吹佛號。哲蚌寺是格魯派的拉薩三大寺之一，地位重要。數百年來，宗教已經滲透到藏民生活的各個方面，成為西藏社會的控制性力量。

▶ 清代圓形曼荼羅，藏密在長期的發展過程中孕育出了獨具特色的藏傳佛教藝術。

密教如何在印度形成？

　　佛教起源於古代印度。它在印度的發展經歷了原始佛教時期、部派佛教時期、大乘佛教時期和密教時期。所謂密教時期乃指密教占統治或主導地位的時期。

　　印度密教從萌芽到占主導地位的整個過程，可分為三個階段：一、初期階段，即所謂古密教或「雜部密教」時期；二、中期階段，即所謂純粹瑜伽密教或「正純密教」時期；三、晚期密教，即密教分化產生所謂金剛乘、時輪教時期。密宗是佛教和婆羅門教、印度教相結合的一種宗教形態。它以高度組織化了的咒術、儀軌、俗信為其特徵，是逐漸形成的。所謂古密教或「雜部密教」大體上相當原始佛教晚期和部派佛教時期。在此時期，佛教中出現了密宗的萌芽形態。咒術原本是一種古老的、流行於印度民間的原始信仰，釋迦牟尼在創立佛教時對這些咒術、密法是採取抵制和排斥態度的。從佛教早期經典《中阿含經》、《長阿含經》和《四分律》中可以看出，最初佛教嚴格禁止神秘咒語和各種巫術密法，且規定對違禁者給以懲罰。但後來佛教教團逐漸擴大，不少信奉咒術密法的婆羅門教徒加入佛教，對佛教產生影響，使某些咒術，如所謂「治毒咒」（以咒術治蛇咬傷）、「治齒疼咒」、「保護身體得以安慰的善咒」（防護咒）等已個別的被佛教採用，這在部派佛教時期的《雜阿含經》中已有所反映。但當時對那些所謂妨礙佛教徒修行的「惡咒密法」（如「降伏諸天」、「策使鬼神」、「詛咒仇敵」等密咒）仍在佛教禁止之列。但咒術畢竟打開了佛教的大門。接著，佛教經典把民間普遍持誦的吠陀讚歌吸取在內，作為佛教的「神咒」。後來，又模仿《讚歌》製成佛教明咒成《明咒藏》，這是在經、律、論之外集所謂「真言密咒」而編成的。繼《明咒藏》之後，佛教中又出現了《防護藏》。這首先發生在印度南方佛

教中。他們把民間信仰的「諸天鬼神」吸收進來，作為佛教的「保護神」，用所謂「防護咒」作為交通鬼神禳災祈福的密法。《防護藏》就是由三十餘種短經，即「防護咒」組成的。這時的佛教染上了濃厚的密法色彩，但這時的密法只是某些佛教徒修行的借助方法，僅起著所謂「保護佛教修持者消除種種障難」的作用，它還沒有形成自己相對獨立的教義，完全是以附屬的東西存在於佛教之中。

西元六、七世紀以後，大乘佛教已開始密教化了，也就是說密教已走上獨立發展的道路，並作為獨立的思想體系而存在。這是由於西元四到五世紀印度笈多王朝時期出現了一種新的宗教哲學體系—印度教。印度教是在植根於印度社會的婆羅門教的基礎上吸收某些佛教教義而形成的。它具有教義簡明並和傳統宗教觀念相結合的特點，因此容易被人接受而有廣泛的群眾基礎。那時的大乘佛教教義繁瑣深奧，人們難於接觸和理解，因而逐漸失去群眾的信仰。這種形勢迫使大乘佛教廣開大門，更多地吸收一些以前它認為是「外道」的東西。再者，早期佛教沒有嚴密的組織，許多僧侶往往成群結隊地來往於城鄉之間，一面宣揚佛教，一面靠乞求佈施謀生，還有的僧侶以「苦修」為本，遠離「塵世」。但隨著印度經濟的發展，佛教

◀ 古代印度釋迦牟尼立像，該像製作於笈多王朝時期，希臘雕塑風格明顯，卻又自成體系，體現了獨特的健陀羅藝術風格。

▶ 印度阿旃陀一七號窟的萬佛圖（創作年代大約為西元六世紀）。

寺院通過各種手段逐步建立了雄厚的經濟基礎，在這種情況下，上層僧侶逐漸增長了追求物質財富和享樂的慾望。大乘佛教創造的「菩薩」（bodhisattva，求大覺之人）觀念，正是這種情況在教義上的反映。「菩薩」意譯「覺有情」、「道眾生」，是人的幻想中的「佛」，按佛教說法，它是已達涅槃的眾生，但由於不捨仍處於苦難的眾生，就不住涅槃而住世間，以幫助眾生獲得「解脫」。隨之，大乘佛教在教義上也作了某些修正，而強調「慈悲眾生」。這樣就創造了簡明易懂容易為人接受的新教義。這就使「菩薩」與人互相更接近起來，人們借助於單純信仰、向菩薩唸經祈禱的作用即可獲福。僧侶從繁瑣教義的宣傳者變成人和菩薩間的媒介人，具有了術士與神巫的性質。再者，「菩薩」與人接近具有了「染」的性質。

這些都是使大乘佛教走向密教化的重要因素。所謂「正純密教」的形成就是大乘佛教密教化的標誌。據密宗學者附會，「正純密教」則是以法身佛大日如來（maha—vairocana）的說教為中心的。這時，真言密法已經成為大乘佛教獨特的東西和「真髓」。七世紀初，印度社會已明顯地看到密宗興盛的情景，許多密典、密法已經出現。

「正純密教」繼續發展又分化而出現金剛乘和時輪教，即所謂晚期密教「左道密教」。當時西印度的羅荼國是密教發展的中心地帶。該地是古印度的商業交通要道，當地居住著各種人種、種族、民族，也是各種宗教集中的地帶，有拜火教、耆那教、婆羅門教、佛教等。這些對密宗的進一步發展有著促進作用。西元八世紀初期，密宗又傳到香至國以南印度為中心，

達到高度發展時期。這時密宗已具有大乘佛教的全部教義，並吸收民間信仰諸神的特點而形成曼荼羅（mandala）組織。八世紀後半期，密宗又傳播到東印度，這時它已分化而形成金剛乘。金剛乘，借用了印度教性力崇拜的形式作為「成佛」的手段，實行男女雙身修法。其後，密宗把世俗化、大眾化的金剛乘加以體系化形成所謂的時輪教。至此，密宗形成了它的全部形態。

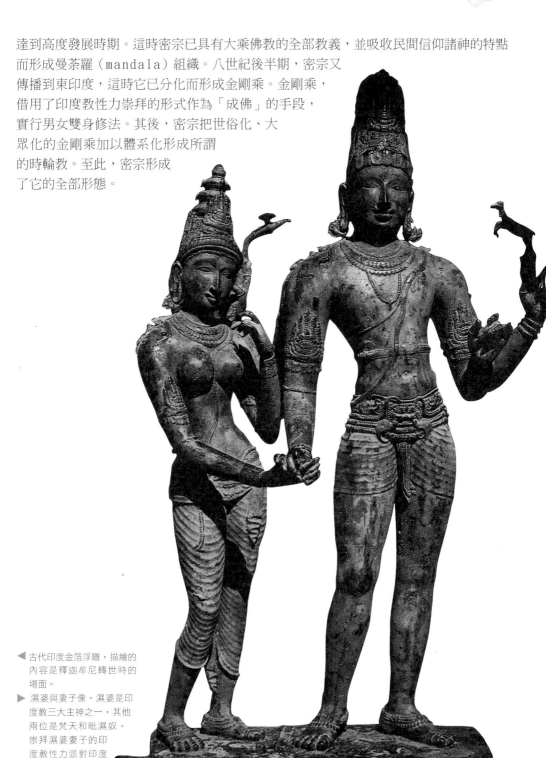

◀ 古代印度金箔浮雕，描繪的內容是釋迦牟尼轉世時的場面。

▶ 濕婆與妻子像。濕婆是印度教三大主神之一，其他兩位是梵天和毗濕奴。崇拜濕婆妻子的印度教性力派對印度密教影響很大。

密教經歷了哪幾個發展階段？

密教自從形成後，經歷了「雜部密教」、「正純密教」和「左道密教」三個階段。其中，「雜部密教」又稱「初期雜密」，是密教發展的第一個階段；「正純密教」又稱「中期正純密」、「右道密教」，相當於密教四部中的行部、瑜伽部，是密教發展的第二個階段；「左道密教」則是密宗發展的最後階段，相當於密教四部中的無上瑜伽部。

「雜部密教」修無相瑜伽，即妄以明空性之理，常我的色彩尚不濃厚。常聚佛、菩薩、神、鬼於一堂，尚未有胎藏界等的嚴密組織。雖然也結壇場、重設供、誦咒、結印契，重於事相，但尚未及作觀想。

「正純密教」以《大日經》為主，以該經住心品中的「菩提心為因，大悲為根本，方便為究竟」三句為根本。又講十緣生，頗類似於般若經的性空之說，但在「菩提心」的心中，已帶有常我的色彩。以大悲為根本，以隨機的方便而度眾生，表現了大乘佛教的特色。以方便為究竟而融攝世俗，故以作在家相（天人相）的大日如來為其中心，以金剛手等為其護翼，出家相的釋迦牟尼及二乘聖者，被置於外圍，此由胎藏界及金剛界的曼荼羅（密壇、修密的道場），即可看出。這在理論上說，是因為大日如來為法身佛，是化身釋迦佛的本尊，本尊應居中心；在實際上，是圓融了外教的群神，且以外教的群神，均為本尊方便攝化的顯現，所以印度一切的善神惡神，都為密教所攝。由降伏的意念轉為崇拜的意念，乃系出自事事無礙的即事而真，所以本尊應該是在家菩薩相。這可說是大乘密教從心理上作了左道化的準備。

「左道密教」是最高的密法，此法修成，便是即身成就的「佛」，因此，密宗行者視無上瑜伽為最難修持的密法，沒有數十年的苦修功夫，阿闍黎（金剛上師）也是不教的。事實上的無上瑜伽，即金剛乘法，即是「左道密教」，即是世俗化的大方便的實際行為。

金剛乘的創始人為武德雅拉（即因陀羅部底），他是俄裡薩國國王。到中國西藏傳播密宗的蓮花生是他的兒子。他著有《二十三部程》，後被譯成藏文保

存於藏文大藏經中。金剛乘教義集於梵文本《成就法集》、《古魯古那成就法》和《智慧成就》等書中。金剛乘教義主要講：修行者僅依五禪那佛（即大日、阿閦、寶生、無量壽、不空成就）的五種智慧，即可達到「解脫之境」。如果沒有五佛智慧，光持誦真言，造立曼荼羅也不能達到解脫。假如有了這五智（大圓滿智、平等性智、妙觀察智、成就所智、法界體性智），雖食肉、事女色也能達到「菩提」。而這五種智慧必須由金剛上師直接指導才能獲得。以「五智」去悟自身及其他一切悉為「空性」而達「即身成佛」的「解脫之境」是金剛乘教義的要旨。金剛乘吸取印度教的一些儀式和群神，還創造出一些類似的神靈；咒語的威力無限膨脹；情色的因素很濃厚；創造了大量的女神同具體的「佛、菩薩」聯繫在一起（如白傘蓋同濕婆聯繫在一起），世界的兩極對立在「樂空不二」的男女雙身修法裡得到解釋，密宗修行者依照這種解釋，利用奉獻的女性（稱作手印Shakti、佛母、智慧或空行母）去修法。

金剛乘密教經俄理薩而傳播到本賈魯（今孟加拉）地方。西元八世紀中葉，波羅王朝在此地興起，金剛乘得到王朝的庇護和大力支持，更為興旺發達。

◀ 倚靠欄杆的印度教藥叉女雕像。藥叉女身材豐腴，體現了古印度人對生活和美的獨特感悟。

▼ 圖為印度阿加特洞窟中的一幅笈多王朝時期佛教壁畫，描繪的是一批衣衫襤褸行乞的佛教徒。在笈多王朝時期，佛教徒以這種方式來修煉自身。這與當時追求享樂的社會風氣形成了強烈的對比。

印度密教崇尚密咒是怎麼回事？

印度密教崇尚密咒的歷史可謂淵遠流長。部派佛教的《四分律》卷二十七、《十誦律》卷四十六等經典中，即有佛陀聽許持善咒治療宿食不消、毒蛇咬、齒疼、腹疼等病的記載。

釋迦牟尼在時，反對神秘，否定神權，破斥方技之術，一切咒語術數之學均被排斥，佛教自身沒有咒術。如《長阿含經》卷十四・二一《梵動經》載：「如余沙門婆羅門，食他信施，行遮道法，邪命自活。召喚鬼神，或復驅遣，種種禱，無數方道，恐熱於人，能聚能散，能苦能樂⋯⋯或為人咒病，或誦惡咒，或誦善咒」⋯⋯或咒水火，或為鬼咒，或誦剎利咒，或誦象咒，或支節咒，或安宅符咒，或火燒，鼠咬，能為解咒，或誦知生死書，或誦夢書，或相手面，或誦天文書，或誦一切音書，沙門瞿曇無如此事。」在《中阿含經》卷四十七《多界經》中也說：「或有沙門梵志，或持一句咒、二句、三句、四句、多句、百千句咒，令脫我苦；是求樂、習苦、趣苦；苦盡者，終無是處。」

佛陀在《長阿含經》卷十二《大會經》中，為了降伏諸天，結了數咒。佛在《雜阿含經》卷九・二五二經中也向舍利佛說了毒蛇護身咒。可見，密咒的使用早已出現在原始聖典中了。不過早期聖典中的密咒，是用作治病為主；降伏諸天，策使鬼神的密咒是比較晚出的。若照佛陀的

本意而言，推定密咒之為晚出或增訂，是比較恰當的。

以初期大乘經典來說，也尚未見有明咒，例如般若心經的「即說咒曰」實是後增。《法華經》原來無咒，後來在囑累品後附加數品，即有了陀羅尼品。《仁王經》、《理趣經》，原先無咒，到唐譯本即有了咒。

密咒在外道是沒有哲理的，但到了大乘密教的中期，咒語也被賦予高深的哲學觀。在《大日經疏》卷七說：「真言之相，聲字皆常。常故，不流、無變易。法爾如是，非造作所成。」以真言密咒為法爾常住的實相，所以進一步說，真言之相即是畢竟寂滅之相，為了隨順眾生根機，而以世俗文字表示。按密宗說法，如能觀誦純熟，證悟了即俗而真之義，融合於諸法之實相，便可獲得「即身成佛」的極果。

密咒就是真言，有如來說、菩薩說、二乘說、諸天說、地居天（鬼神）說五種來源。密教以真言之觀誦為主要修持法門，故崇尚密咒，稱為真言宗。但其持咒也很有要求，「若但口誦真言而不思惟其義，雖世間義利不可成，豈得成就金剛體性」（《大日經疏》卷七）。

總之，密咒發源於婆羅門教，佛陀最初禁絕，繼而由於外道入佛教出家者漸多，佛教吸收了密咒。至部派佛教如法藏部，推崇目犍連，盛說鬼神，咒法漸行。到了大乘密教，更進而使密咒哲理化，完成了高深的理論基礎。因而，印度密教崇尚密咒乃成為其一大特徵。

◀ 包銀人脛骨法器，密宗用這類法器教示無常之理。這類法器並不是通過殘忍的方式得到，往往是其他修行人在生前發願在死後把骨頭作修行用途才可使用。

▲ 薩埵太子本生故事，北魏時期敦煌壁畫，內容是薩埵太子捨身喂虎。這類故事都以釋迦牟尼佛的本生和本行故事為題。

「瑜伽」與密教有什麼關係？

瑜伽（yoga）在梵語中，是由馬和車軛結合之義的語根「yuj」而來的，譯意為「相應」。

密教又稱瑜伽教。瑜伽最早用於《梨俱吠陀》中，後來沿用到《奧義書》時代，它的含義是：依於調息等的觀行法，觀梵我一致之理，以合梵而與梵相結合。到了佛教中，就採用此法，依於奢摩他（止）和毗缽捨那（觀）之觀行，成了與正理合一相應的情態，便稱為瑜伽。瑜伽是以止觀為其主題的。佛教採用瑜伽，始自釋迦牟尼，但是釋迦不以瑜伽為達到解脫的最高方法，須要配合戒和慧，定（止觀）才受到釋迦鼓勵。釋迦特重於八正道，八正道的首要是正見，八正道的範圍是戒、定、慧三學。所以釋迦不是修定主義的瑜伽行者。瑜伽行雖受佛的利用，但佛卻不以此為徹底的方法。但到了中期密教的瑜伽法，卻受到了瑜伽外道波曇耆梨（Patanjali，五世紀數論派人）所著《瑜伽經》的影響，以為瑜伽即可達成世出世間的一切目的，憑內證修驗，即可「成佛」。

▼ 苦修的印度教僧人在進食前行禮。早期的印度並無食物禁忌。在印度古代典籍《梨俱吠陀》中，就有食用牛肉的文字記錄。佛教提出不殺生的教義後，婆羅門教以及後來的印度教借鏡佛教的做法，以宗教法規的形式禁教眾食牛肉。這是佛教對印度教產生影響的例子。

「大日如來」爲何被密教尊崇？

密教的最高本尊梵名稱之謂摩訶毗盧遮那。「摩訶」是「大」的意思，「毗盧遮那」為「日」的別名，故譯為「大日」。又佛教寺廟顯宗神殿均以釋迦牟尼為中心加以崇拜，而密宗殿則以大日如來為中心加以崇拜。

上說見《大日經疏》。書中說：「梵音毗遮那者是日之別名。即除暗遍明之義也。然世間日則別方分。若照其外不能及內。明在一邊不至一邊。又唯在晝光不燭夜。如來智慧日光則不如是。遍一切處作大照明矣。無有內外方所晝夜之別。（中略）世間之日不可為喻。但取是少分相似。故加以大名曰摩訶毗盧遮那也。」《金剛頂經》義訣曰：「梵音毗盧遮那。此翻最高顯廣眼藏如來。毗者最高顯也。盧遮那者廣眼也。先有翻為遍照如來。又有翻為大日如來。此蓋略而名義闕也。」金胎兩部之大日各異。

根據密教的傳說，密教是由大日如來傳金剛薩埵。金剛薩埵是大日如來的內眷屬，是諸執金剛的上首，居於金剛法界宮，親蒙大日如來的教敕而結誦傳持密乘，成為傳授密法的第二祖。釋迦滅後八百年，有龍樹出世，開南天鐵塔而親向金剛薩埵面受密乘，為第三祖。龍樹傳其弟子龍智，為第四祖。再過數百年，龍智七百歲，傳付第五祖金剛智。密教認為教法來自大日如來，為密乘第一祖，因此崇拜大日如來。

▶ 西藏扎什倫布寺的強巴佛，高二六·二公尺，是世界上最大的銅佛。藏傳佛教認為，在未來世界，強巴佛將取代釋迦牟尼成為佛教至尊。

如何看待印度密教的「法統」？

印度密教法統實際上是密教學者附會之詞。大日如來、金剛薩埵都是古人創造出來的密宗神。

密教學者附會龍樹入龍宮得深奧經典，托古以自重。龍宮何在？古代北印度有土邦被稱為龍族。龍樹於雪山及龍宮得大乘經，而到南印度宏通，此為密教由北印的瑜伽師為根源而融會東南印度達羅維荼族的信仰（印度教成分之一）。密教的夜叉（Yakkha），原即為達羅維荼族的民族群神，由夜叉的勇健之姿而演為密教的忿怒尊，由夜叉尼而有密教的空行母（佛母）或明妃，乃為一例。

西藏多羅那他（覺南派）的《印度佛教史》也說，密教通途均以龍樹為源頭。關於龍樹，據呂澂的《西藏佛學原論》中說：「綜合各事觀之，彼傳密乘之龍樹者，其師羅睺羅似出提婆之後，其弟龍智，又在勝天月稱之前，或即提婆月稱之間，有此一家，而與創宏大乘之龍樹別為一人也。」（參見聖嚴：《印度佛教史》）

◀ 阿旃陀石窟是印度現存最大的佛教藝術寶庫，圖為阿旃陀石窟一七號窟的穹頂彩繪（製作於約西元六世紀），色彩鮮艷，洋溢著濃厚的生活氣息。中國唐僧玄奘於西元六三八年遊學到南印度摩訶刺陀國時，留有對阿旃陀石窟的文字描述。

印度密教有哪些主要經典？

　　印度密教經典浩繁，但梵本傳世的不多。《大日經》（《大毗盧遮那成佛神變加持經》）和《金剛頂經》，是密教的主要經典。

　　《大日經》的主要思想是「即事而真」，原則上是來自《華嚴經》的「事事無礙」，又參考梵我一致的印度教思想而進一步地唱出「即身成佛」之教。《大日經》是密教理論的建設者。《金剛頂經》則將《大日經》的理論付諸於實際生活。一切都成為「即事而真」，「事事無礙」的結果，淫、怒、癡的現象，以為即是究竟的涅槃道。這在密教的理論上可以通，在究竟的佛位上也正確，但在現實的凡人境界，卻未必真的能夠「即事而真」。因之由《金剛頂經》導生的金剛乘左道之

濫，原因即在於此。

　　《大日經》共七卷，前六卷為正經文，第七卷為其供養法。秘密部王經之一，而胎藏界真言之本經也，所說之法對於《金剛頂經》之所說，而謂之胎藏界，亦稱大日宗、瑜伽宗。《金剛頂經》全稱為《金剛頂一切如來真實攝大乘現證大教王經》，亦稱《攝大乘現證經》、《大教王經》、《金剛頂瑜伽真實大教王經》，共三卷，詳述密教獨特的修行儀軌。

▼ 在印度印度教石窟克久拉霍中，女性身體和性愛是最普遍的主題。

何謂「密教四部」？

「密教四部」是密教修法的四個階段，也反映了密教發展的四個階段。「密教四部」分別是事部、行部、瑜伽部、無上瑜伽部。

事部即雜密，亦稱作密，主要修無相瑜伽，即妄以明空性之理，常（諸行無常）我（諸法無我）的色彩尚不濃。其儀式常聚佛、菩薩、神、鬼於一堂，尚未有胎藏界等的嚴密組織。雖結壇城、重設供、誦咒、結印契，重於事相，但尚未及作觀想。

行部也稱修密，此部以《大日經》為主要經典，以《大日經》住心品中的「菩提心為因，大悲為根本，方便為究竟」三

句為根本。又講十緣生（一幻、二陽炎、三夢、四影、五乾達婆城、六響、七水月、八浮浪、九虛空花、十旋火輪。以上十緣生皆為從緣生無自性之義，真言行人修瑜伽時，於所現之本尊海會生著相，魔即得便，是故以此十喻觀無性生而不執著也），頗類似於般若經的性空之說，但在「菩提心」的心中，已帶有常我的色彩。以大悲為本，以隨機的方便而度眾生，表現了大乘佛教的特色。

瑜伽部配合行部的「方便為究竟」而融攝世俗，故以作在家相（天人相）的大日如來為其中心，以金剛手等為其護翼，出家相的釋迦牟尼及二乘聖者，被置於外圍，此於胎藏界及金剛界的曼荼羅即可以明白。

無上瑜伽部是密法的最高階段，此法修成，便是即身成就的「佛」。所以西藏黃教視無上瑜伽為最難修持的密法，沒有數十年的苦修是不成的。無上瑜伽部的最大特點是利用女性作「樂空雙運」的男女雙身修法，在男女媾交中去悟空性，是以欲制欲，以染而達淨的修法，沒有「根器」的僧人，阿闍梨是不傳授的。無上瑜伽，也即是世俗化的大方便的實際行為。

◀ 佛教早期釋迦牟尼坐像，風格寫實。釋迦牟尼袒露右臂，趺趺而坐，端正莊嚴。

▲ 印度埃洛拉石窟群，建於西元四世紀中葉至十一世紀，是古印度佛教藝術的傑作。

「明王」、「明妃」是什麼意思？

「明王」、「明妃」是密宗術語。明王稱教令輪身，受大日覺王教令現忿怒身降伏諸惡魔之諸尊稱為「明王」，如不動明王、大威德明王。明妃系陀羅尼之別稱，有能破煩惱之德，能增長一切之功德。

明者，光明之義，以智慧而名，有以智力摧破一切魔障之威德，故云「明王」，是諸教令輪身忿怒尊之通稱。但常說的明王，多指不動明王而言，總即別名也。《真偽雜記》十三說：「明者光明義，即像智慧。所謂忿怒身，以智慧摧破煩惱業障之主，故云明王。」瑜伽學習捷圖上說：其忿怒者猶奴僕也。諸軌之中多稱明王，雖是奴僕，奉行教敕即猶君王。故呼忿怒亦名明王。」聖無動經說：「假使三千界大力諸夜叉，明王降伏，盡令人解脫道。」又陀羅尼謂之明王，約於女聲而云明妃，約於男聲而云明王。

《大日經疏》九說：「明是大慧光明義，妃者梵云羅逝，即是王字作女聲呼之。故傳度者義說為妃。妃是三昧義，所謂大悲胎藏三昧也。」該書十二又說：「若心口出者名真盲，從一切身分任運生者名之為明也。由增長義故，女聲呼之。……妃者如世女人能生男女令種胤不絕，此明能生一切如來所有功德故，義云妃也。」又曼荼羅各部配偶部主之女尊名明妃。諸部要目說：「三種明妃。佛部無能勝菩薩以為明妃。蓮華部多羅菩薩以為明妃。金剛部金剛孫那利菩薩以為明妃」。又密宗修無上瑜伽男女雙修之女性亦稱「明妃」，男性稱「明王」。

◀ 元代蓮花生及二明妃像。

「金剛」是什麼意思？

「金剛」系密教術語，梵音為（Vajra）跋折羅，譯言金剛，即金中最精最堅之金剛石。《三藏法數》五說：「金剛者，金中最剛。故云金剛。」

以金剛所造之杵，名為金剛，或曰金剛杵，是古代印度兵器，後演變為密宗法器。《大日經》一說：「一切持金剛者，皆悉集會。」即金剛杵之略名也。《大日經疏》一說：「梵云跋折羅陀羅。」跋折羅即是金剛杵，陀羅是執持義。故曰譯云執金剛。又為天神名，持金剛杵之力士，謂之金剛，執金剛之略名。《行宗記》二上說：「金剛者，即侍從力士，手持金剛杵，因以為名。」金剛又表示法力堅不可摧。金剛杵在密宗中又為男根的象徵。

▼西藏拉薩布達拉宮壁畫廣目天王。

「大樂」思想與性力派有何關係？

印度左道密教的「大樂」思想，來自《金剛頂經》，該經說：「奇哉自性淨，隨染欲自然，離欲清淨故，以染而調伏。」又說：「此是一切佛，能轉善哉相，作諸喜金剛，妙喜令增長」。

金剛是天神的通名，均為侍衛本尊佛的眷屬，而以金剛薩埵為其上首。在密教中說，金剛即是佛的顯現，所以也就是本尊。在同經的卷中，敘述毗盧遮那，人各種供養三昧時說到：「其有一切如來適悅供養三昧、寶鬘灌頂三昧、歌詠供養三昧、舞供養三昧等等，各個三昧，均有大天女從自心出。」並說：「由貪染供養，能轉諸供養。」這是欲界天人生活的秘密化。既有天女作諸供養，淫樂的行為已經躍然欲出了。

大樂思想的根源來自印度教的性力派，或者音譯為鑠乞底派，系印度教濕婆派的分支，它是由對於濕婆神威力的崇拜而引生出生殖力崇拜及女神崇拜。濕婆的威力中，有男女的生殖之力，生殖則由其妻擔任，故而生起崇拜濕婆之妻的一派，這便是女神的性力崇拜。對於濕婆崇拜的一派稱右道派，而對於女神的性力崇拜的一派則稱為左道派。

此女神有善惡兩方面的性格，她的威力使用於破壞之時，即是死之女神，稱為迦利（Kali），她的形貌是散髮、張口、執劍、殺人、以血潤其喉，用骨環其頸。她的另一名字叫杜爾加（Durga），原系頻陀耶山的處女神，從史詩時代之後，始成為濕婆之妻，她的形貌是全身金色、騎虎，十手執兵器、殺惡魔。此女神性格難捉摸，她約有一千個名字，例如，愛慾女神加彌息美利、清淨女神維摩拉、大智女神摩訶般若、生育女神與大母神摩訶摩底、戀愛肉慾女神那逸迦、行法修驗的女神瑜伽等。總之，宇宙的任何一部分，不論破壞與溫和，均為此一女神的屬性。萬物均由女神的性力而生，故此引起以肉慾的放逸為崇拜女神的極致。

此派既以恣意的肉慾為侍奉女神及崇拜女神的方法，所以在他們集會崇拜之時，即以一裸體女子為崇拜的本尊而圍繞，先飲酒（Madya）、食魚（Matsya）、再食肉（Mamsa）、期待性交（Maithuna），最後再以男女亂雜之歡樂（Mudra）為終結，合稱五摩字真言。這種集會秘稱為聖輪。最後的性交，乃是最秘密最重要最神聖的儀式。以此而被攝入密教的無上瑜伽，再配上「先以欲鉤牽，後令人佛智」的觀念，就用明妃、佛母來相應，以性交為修行了。又因女神崇拜性力派的經典，稱為怛特羅（Tantra），其數甚多，是濕婆與其妻的對話，它形成於西元七世紀，故到密教的典籍也以怛特羅為名了。這就是印度密教「大樂」思想與印度教性力派的關係。

▶ 古代印度布利訶蒂濕婆神廟內殿迴廊，第七室的壁畫《舞蹈的飛天》。飛天的舞姿十分優美，曲線的形體帶給人們心靈的愉悅。

印度波羅王朝如何扶植密教？

戒日王（六〇六～六七四年）以後，印度佛教逐漸趨於沒落。但由於波羅王朝的保護，佛教仍在東印度一帶偏安了五百年，這五百年中，大乘密教由興盛而走向衰亡。

波羅王朝是古印度的小邦，在西元六六〇年略前，由瞿波羅王統一了藩伽羅國，又西取摩羯陀等地而成立王朝。此王朝在印度史上雖不大有名，但此王朝傳承十八世，歷五百年，崇奉佛法世世不懈。其中最具熱忱者凡七王，稱為「波羅七代」，七代之中以第四世達磨波羅王時國力最盛，曾把國土擴展到曲女城。此王對佛教的虔誠護持最有成績。他先在那爛陀附近建立歐丹多富梨寺，又在其北建立毗鳩羅摩尸羅寺，此寺譯名超戒寺，也有稱為超巖寺的，它有一百零八寺及八個研究院，規模之宏大超過那爛陀寺。因此，

便取代了那爛陀寺的地位，成為當時佛教的最高學府，是最大的密教中心。中國的義淨三藏留印時，正當瞿波羅王在位，據義淨說，他在那爛陀寺「曾屢次入壇」，可見當時該寺已風行密教。到了八世紀以後，達磨波羅所建的超戒寺中，人才輩出，均為密乘大師。波羅王朝所擁護的佛法，自始便是密教。

▼ 佛陀誕生地藍毗尼，以佛陀母親摩訶摩耶夫人命名的寺廟旁有一泓池水，傳說當年摩耶夫人在此水池洗澡後受孕生下釋迦牟尼。

印度著名的密教寺院有哪些？

印度著名密教寺院是在波羅王朝時期發展起來的。那爛陀寺本來是大乘顯宗寺院，後來發展成為顯密兼修的著名寺院。

中國唐代僧人義淨記載，他曾在那爛陀寺多次入壇修密，說明當時該寺已經風行密教。歐丹多富梨也是印度著名的密教寺院。波羅王朝四世達磨波羅時，國力最盛，該寺就是他主持修建的。地點在那爛陀附近。達磨波羅王為了利用宗教，又在恆河南岸的小山上另建一座寺院。寺院是以王的另一尊號命名的，稱作毗鳩羅摩尸羅，漢譯名超戒寺。此寺遺跡，今已蕩然無存。據西藏史料記載，規模比那爛陀寺還大，中心是一個大菩提佛殿，四周圍繞有一百零八座小寺院，其中有一半屬於密教的內道部分（密教也分層次，有內外之別，高級的屬於核心部分的叫內道），另一半屬於密教的外道部分和顯宗。由此可見，該寺以密教為中心。寺內牆壁上繪畫了主持該寺的著名學者的圖像。住寺學者，經常有一百零八人，執事有一百一十四人。在寺院學習畢業時，國王給成績優秀者以「班底達」（學者）學位稱號。特別有成就的學者稱作「守門師」，後世有「六賢門」（六門指東南西北四門和中央兩道門）之稱。毗鳩羅摩尸羅寺以密教為主，當然更適應群眾的信仰。以密教為方向提倡佛學，對統治者也有利，所以波羅王朝各代對它均予以大力支持，一直存在到斯那王朝時期。

▶ 阿育王皈依佛教後，成為一名虔誠的佛教徒。圖為阿育王依照佛陀的坐姿為自己製作的坐像。

印度密教滅亡的原因是什麼？

印度密教在印度滅亡有兩個主要原因：一是佛教自身為了迎合印度的外道，結果與外道合流而使自己融入於印度教中；二是伊斯蘭教軍隊的屢次入侵與徹底摧毀，佛教沒有了容身之地。

在波羅王朝偏安之初期，伊斯蘭教的摩訶末將軍就開始佔領了印度河流域。西元十世紀後半期，伊斯蘭教軍隊佔領喀布爾並奠都於此，接著又入侵旁遮普，遂入內地，先後達十七次。到了西元十一世紀，波羅王朝末期及斯那王朝時代，伊斯蘭教軍更加深入，終將佛教的最後據點之東印一隅，也一掃而光。於是，密教的大師星散，多經克什米爾諸地而避入中國西藏，部分則逃至尼泊爾一帶。著名的那爛陀寺也只剩下七十餘人。不久王室改宗伊斯蘭教，未逃出的佛教徒，均改信伊斯蘭或印度教。西元十二世紀末，佛教便在印度絕跡了。

◀ 黃金製成的普巴金剛杵，雕工精細，為不可多見的珍貴法器。

▲ 桑奇大塔建於阿育王時期，為一半球形建築，埋有佛祖舍利。整座建築雄渾古樸，雕刻極其精緻。

印度密教的傳播情況怎樣？

印度密教在興起後，先後傳入中國、日本、朝鮮等國。在中國西藏，密宗的興盛是藏傳佛教最大的特點。

印度密教於西元八世紀傳入中國。漢地佛教密宗稱作真言宗，在唐朝中葉頗為盛行。漢地佛教密宗僅接受了印度密宗的事、行二部，與漢地的傳統倫理道德觀念相悖的瑜伽部和無上瑜伽部沒有被接受。此後，密宗在漢地沒有得到更大的發展，傳至宋朝時期便衰落了。

密教在中國唐代時由弘法大師從中國漢地傳入日本，稱為真言宗。日本真言宗也只接收了密教四部的事部、行部、瑜伽部，而沒有接受無上瑜伽部。密教在西元七世紀後半期傳入了朝鮮半島。十五世紀，朝鮮李氏王朝採取排佛政策，禁止密教的傳播。今日，密宗在朝鮮半島已無蹤影。

印度密教弘傳最興盛的地區是中國西藏。西藏接受了印度密教四部（事部、行部、瑜伽部、無上瑜伽部）的全部內容，形成許多教派。西藏密宗於十三世紀以後，傳入蒙古族地區，並在歷史上傳入不丹、錫金、尼泊爾等國。

▼ 印度密教約在西元七世紀松贊干布時期傳入西藏。拉薩布達拉宮中保存有大量關於松贊干布的壁畫。

密宗是何時傳入中國西藏？

　　佛教最早傳入西藏是在西元五世紀左右的拉脫脫聶贊時期。西元七世紀，吐蕃第三十二代贊普松贊干布統治時期，佛教從印度和漢地兩個方向傳入西藏。

　　西元五世紀左右，有兩個印度僧人帶著幾件印度密教的器物進入西藏。其中四件東西是《百拜懺悔經》，系密宗經典；舍利寶塔，也是密教的東西，是作為對佛的供養而出現的；「六字真言」，即「嗡嘛呢叭咪吽」，是印度密教的「真實言」，據說常念它可以免入地獄，還可以在死後升入「極樂世界」；「法教規則」，是密宗修習次第的一個法則。總之，這些東西都是印度密教的東西。但當時藏族尚未出現文字，藏王又不識梵文，因此，把這些東西稱作「寧保桑瓦」，意為「秘要」，供養起來，所以沒有起任何

作用。說明當時藏族尚未具備接受佛教的條件。

　　西元七世紀，吐蕃第三十二代贊普松贊干布（六二九～六五〇年在位）時，統一了西藏高原諸部，建立了吐蕃王朝，創立了文字，這時苯教已明顯地不適應階級社會的需要，具備了佛教傳入西藏的條件。佛教是在松贊干布時期從印度和漢地兩個方向傳入西藏的。尼泊爾的赤尊公主和唐朝宗室女文成公主先後與松贊干布聯姻，二公主進藏，首次把佛經、佛像帶入吐蕃。佛教的偶像崇拜和神權至上的思想，對剛剛建立集權的吐蕃王室猶如春風拂面，產生了巨大的影響。王室的興佛對於佛教在吐蕃的傳播、發展起著相當重要的作用。在松贊干布的支持下，文成公主和赤尊公主先後在拉薩建立了小昭寺和大昭寺，松贊干布又在拉薩四周建立了十二座小廟。

　　在松贊干布時期傳入的佛教已出現有關密宗的跡象，藏文的創製與譯佛經的需要是有著內在聯繫的。松贊干布從印度請來論師譯出顯密經典多種。當時翻譯經典的有漢人大天壽和尚，藏族有吞米桑布扎、達摩郭霞、拉金剛祥，印度人有孤薩惹論師、商羯羅婆羅門，尼泊爾人有尸羅曼殊論師等。當時翻譯的佛典有《寶雲經》、《觀音六字明》、《閻曼德伽法》、《摩訶哥羅法》、

《吉祥天女法》、《集寶頂經》、《寶篋
經》、《觀音經續》、《百拜經》、《白蓮
花經》、《月燈經》等。其中就有七十八種
系密宗經典。當時在拉薩的佛教寺廟裡供有
各種佛像，如釋迦牟尼、彌勒佛、觀音菩
薩、度母、佛母、光明佛母、妙音天女、馬
頭金剛、甘露明王等，其中不乏密宗神像。
吐蕃王室開始接受具有密宗色彩的佛教。這
也是密教傳入西藏的開始。但此時傳入西藏

的佛教（包括密宗）僅在王室範圍產生影
響，並未深入傳播到民間，也沒有得到發
展。佛教在西藏獲得發展是在赤松德贊時
期。

◀ 拉薩大昭寺內，內容為修建大昭寺的壁畫。大昭寺修建於
　松贊干布時期，傳說寺址由文成公主勘定。
▼ 圖為藏傳佛教的無量壽佛。阿彌陀佛為西方極樂世界的教
　主。阿彌陀意思是無量壽、無量光，因此阿彌陀佛又稱無
　量壽佛。

蓮花生大師的生平事跡有哪些？

蓮花生是第一位進藏傳授密教修法的印度密教大師，西藏拉薩布達拉宮裡專門設有蓮花生殿，供有蓮花生像和男女雙身修密法像。

松贊干布去世後兩代贊普因忙於內部平亂和對外征戰，無力顧及發展佛教。到赤德祖贊（七○四～七五五年在位）時雖有建寺、迎僧、譯經等興佛事宜，但信奉苯教的權臣貴族以病災為借口，發起了驅僧事件，密宗更談不上什麼發展。赤祖德贊死後，其子赤松德贊（七五五～七九七在位）年幼即位，大權旁落舅氏那囊家族（信奉苯教）。赤松德贊身旁雖有少數信佛大臣，但形勢總是處在崇苯反佛勢力的包圍之中。因此，不久即發生了大規模的滅佛事件，史稱第一次滅佛運動。直到赤松德贊成年後才同信佛大臣密議設計剪除了反佛勢力的代表人物，為興佛創造了有利條件。首先赤松德贊規定，一切臣民都必須奉行佛教，並派人前往尼泊爾迎請靜命（寂護）大師入藏傳教。靜命是印度佛教自續中觀派的代表人物，清辨論師的五傳弟子，是印度佛教大乘顯宗的正統。他入藏後在桑耶翁補才與赤松德贊相晤，為藏王及民眾宣講「十善法」、「十八界」、「十二因緣」等佛教基本知識。但消息傳開，苯教勢力又借自然災害強烈反對佛教。靜命無力對付苯教勢力的挑戰，只好暫回尼泊爾，說明顯宗無法突破苯教的防線。靜命臨走前向藏王表示，當請印度密教大師蓮花生來才能「降伏群魔」（此指苯教）。蓮花生是印度金剛乘創始人俄力薩國國王武德雅拉（因陀羅部底）的兒子，靜命的妹夫。蓮花生進藏後利用密法同苯教巫師進行多次鬥法。他每戰勝一些苯教巫師後，即宣佈苯教某某神已被降伏，並封其為佛教的護法神。反映了密宗在與苯教衝突中為佛教打開局面的重要作用，而這一點對提倡顯宗的大師是無法辦到的。但佛教的發展僅靠密宗也不行，因此，赤松德贊又請靜命進藏。其後，為建立佛教根據地，赤松德贊請蓮花生、靜命相助，於西元七六六年建

部底系金剛乘密教傳於西藏。這時已含有密宗四部修法之最高階段的無上瑜伽密。據載，當時蓮花生共有五個所謂「世間空行母」（也稱明妃、佛母，系密宗修「樂空雙運」無上瑜伽密的女性伴侶），其中之一就是赤松德贊的王后意希錯結。說明密宗無上瑜伽密中利用女性修密的形式已經出現在吐蕃宮廷中。同時，蓮花生還向赤松德贊和王妃等傳授蓮花馬頭明王法、金剛橛等密法。當時蓮花生等已把密宗隨血祭儀式傳到西藏。這種儀式的出現，引起信奉苯教的貴族們的強烈反對。例如，崇苯貴族的王后側繃薩指責用人頭骨、人皮、人腸、人血、少女腿骨作法器、祭品的密宗儀式是黑巫術、鬼怪，要求贊普盡快結束這種密法。

成西藏第一座正規寺院桑耶寺。

桑耶寺建成後，有兩件事對佛教在藏發展有相當重要的影響。一是剃度藏族僧人。赤松德贊派人從印度請來說一切有部的十二位比丘，以靜命為親教師度寶護、遍照護等七人為僧，史稱「七覺士」。這是藏族出家的第一批僧人，西藏從此建立了以藏族為主體的佛教僧伽組織；二是廣譯顯密典籍和傳播密法。當時譯出的主要密教經典有法稱的《金剛界曼荼羅等密教要點》；無垢友的《集密幻變修部八教經論》；遍照護、瑪寶勝、業童智、努佛智等秘密譯出的《普成王經》、《集密意經》等。

這一時期內，密法修習開始傳播。蓮花生已把印度因陀羅

◀ 蓮花生像。
▲ 金製七寶飾蓮花生大師嘎嗚（護身盒）。
▶ 銅製油燈盞。藏傳佛教的佛像前大多供有長明不滅的油燈。

藏密「前弘期」有哪些特點？

從西元七世紀中松贊干布時佛教傳入西藏到西元九世紀中赤熱巴堅（Ral pa can）時期史稱為藏佛教的「前弘期」。

在藏傳佛教「前弘期」中，密宗的發展有兩個特點：一是密宗已傳播到民間，在民間以師徒、父子、叔侄的形式相傳，因此吸收了苯教的一些儀式和神靈，開始使密教具有西藏地方的特點；二是從吐蕃官方來說，只許翻譯密宗事部、行部、瑜伽部的密典，不許翻譯無上瑜伽部的密典。因此，「前弘期」佛教密宗無上瑜伽密不甚發達，西藏佛教界特稱其為「舊派密咒」，而把「後弘期」無上瑜伽密比較發達的密宗稱為「新派密咒」。

▼ 托林寺是西藏阿里地區最古老的寺廟。朗達瑪滅佛事件發生後，托林寺一度成為西藏的佛教中心。圖為托林寺壇城遺址，由於年月久遠，這裡已經成為一片廢墟。

朗達瑪滅佛對密宗有什麼影響？

朗達瑪滅佛對顯宗造成毀滅性打擊，但密宗因秘密單傳，一直在民間流傳，所以沒有被徹底消滅。朗達瑪滅佛後，百餘年中西藏地區基本不見佛教蹤跡。

佛教傳入西藏後，與傳統苯教勢力的衝突，歷二百餘年而不息。西藏佛教傳至赤祖德贊（八一五～八三八年在位）時，達到高度發展時期。他與松贊干布、赤祖德贊在藏文史籍中合稱為「三大法王」。赤祖德贊極度崇佛，引起部分大臣的不滿。尊崇苯教的貴族權臣韋‧甲多熱和覺若‧雷扎等使用「清君側」的計謀，把出家為僧的贊普之兄藏瑪流放邊地。隨後，掌政僧人鉢闡布‧貝吉雲丹和王妃也遭陷害。唐文宗開成三年（八三八年），赤祖德贊最終被韋‧甲多熱和覺若‧雷扎等人縊殺。隨後，赤祖德贊的四子朗達瑪（又稱吾都贊普，八三八～八四二年在位）被擁立為贊普。朗達瑪在位五年，在位期間發動了大規模的滅佛運動。朗達瑪把赤祖德贊時期已經開工修建的佛寺都停了工，桑耶寺、大昭寺等著名寺院神殿都被封閉，小昭寺被當作牛圈使用，凡是佛教活動的場所都遭到查禁。佛像被從寺廟裡取了出來，釘上釘子扔到河裡。佛寺內的壁畫被抹掉，又在上面畫上僧人飲酒作樂的圖案。另外，有數量眾多的各種佛經被燒掉，其中有少數佛經被僧人偷偷地埋入巖洞之中保存下來，這就是以後發掘出來的被稱之為「伏藏」的典籍。佛教僧人同時遭到鎮壓，僧人無法在吐蕃生存下去，只得另找出路。印度來的僧人也逃走，有一部分吐蕃的佛教徒也跟著逃到印度。滅佛之事來勢迅猛，佛教勢力大減。滅佛事件稍有平定，一佛教僧人貝吉多吉潛入拉薩，刺死了朗達瑪。朗達瑪滅佛標示著藏傳佛教的「前弘期」結束。

▶ 赤祖德贊被殺壁畫，赤祖德贊為吐蕃最後一位護持佛法的名王。

藏密「後弘期」有哪些特點？

　　學者多把西元九七八年作為西藏「後弘期」佛教時代的開端，因為這一年佛教重新從多康地區傳回西藏。

　　這件事在藏傳佛教歷史中稱為「下路弘法」。標誌著「後弘期」到來的另一事件，是阿里古格王朝統治者意希沃派人去印度迎請高僧阿底峽進入阿里地區傳佛。後來，阿底峽輾轉來到衛藏地區，使佛教勢力從阿里進入衛藏並得以復興。這在藏傳佛教史中稱為「上路弘法」。佛教的再次興起有一個突出的特點，就是興佛勢力的分散，各地方統治者主掌握下的佛教勢力逐漸形成了許多不同的教派和教派支系。最早形成的教派是寧瑪派，以後又有噶當派、薩迦派、噶舉派、希解派、覺域派、覺囊派，以及影響最為深遠的格魯派等。各個教派有其側重的密宗教法。其二是「後弘期」佛教密法之盛是前一階段無法相比的，特別是無上瑜伽密。因為西藏佛教「後弘期」初期正是印度波羅王朝大崇密教，特別是無上瑜伽密時期。西藏「後弘期」佛教從上路（阿里），下路（多康）分別傳回衛藏，而新派密咒則主要是從上路傳播來的。

▼ 曲松拉加裡宮遠景。西元九世紀時，朗達瑪被殺，西藏陷入混亂。一些貴族上層逃到西藏山南地區，逐漸形成拉加裡王系，並建造了這片建築。目前這片建築已是殘垣斷壁。

譯師在傳播密宗方面有何貢獻？

　　藏傳佛教「後弘期」是藏印兩地佛教大交流的時期。據統計，這一時期由印度來藏弘法的譯師、論師有上百名，由西藏去印度學習顯密教法者也達百人以上。其中在傳播密宗教法上有較大貢獻者有仁欽桑布譯師、卓彌譯師、瑪爾巴譯師、桂·枯巴拉則譯師等。

　　阿里古格王朝國王意希沃熱衷於興佛事業。據說他對大乘顯宗教法尚覺可信，但對密宗是否為真正佛法表示懷疑。因為當時在民間流傳下來的密宗十分雜亂，於是他選出仁欽桑布等二十一名青年派往迦濕彌羅（今克什米爾）留學。其中十九名因感染瘟疫死於該地，生還者僅仁欽桑布和瑪·來貝喜饒（善慧）二人。他們學到了「密宗真傳」（實際上仍是金剛乘密教）回藏後熱心譯經、傳教，為密宗的興盛做出了貢獻。

　　仁欽桑布生於阿里古格寧旺熱特那地方，十三歲出家，曾先後三次赴印度等地留學，跟從印度七十五位大師學習佛法。他不僅在顯宗方面對般若學說的宏揚不遺餘力，而且特別注意密宗的傳播。密宗四部，尤其是瑜伽部諸經廣釋、儀軌、修法等，是他譯傳的重點，如金剛生儀軌、幻綱經、寂靜的一切密經疏等都是他譯出的，據統計，他一生共翻譯了十七種經、三十三種論、一百零八種怛特羅（密咒），還有不少醫學、文法、工藝等方面的書。因此後世稱其為「洛欽」（大譯師）。由於他翻

▶ 明代金剛薩埵像。

譯了大量密教典籍，西藏佛教史上以他為界，把他之前翻譯的密典稱舊派密咒，而把他和他以後翻譯的密典稱作新派密咒，仁欽桑布弟子甚眾，瑪・來貝喜饒是他的上首弟子。「後弘期」佛教密宗特別是無上瑜伽密部的盛行，和他有很大的關係。

卓彌譯師（九九四～一〇七八年）名釋迦意希，是印度佛教道果密法在西藏的傳播者。他早年到尼泊爾跟靜賢論師（寂靜之弟子）學習聲明，後三次赴印拜著名論師學密法，住印度超嚴寺，向般若因陀羅如其學「道果」密法。回藏後譯出二觀察等三續、母續歡喜金剛法等許多密法，並建牛古龍寺。卓彌門徒甚多，著名的有瑪爾巴譯師、桂・枯巴拉則譯師等。薩迦派始祖昆卻傑布（一〇三四～一一〇

二年）曾向卓彌獻黃金求學「道果」密法。爾後，昆卻傑佈於西元一〇七三年在仲曲河谷的薩迦地方建薩迦寺，創立薩迦派。其子貢噶寧布（一〇九二～一一五八年）除繼承其父從卓彌所學「道果」等密法外，自幼還學到集密、四面大黑天法、歡喜金剛法、摩訶哥羅法、勝樂法等七十二種續部（密法）及十四種甚深教法，而成為一切密法的教主。他總括從諸師所學「道果」法，建立了完整的「道果教授」，成為薩迦的主要教法，後被尊稱「薩欽」（薩迦派大師），並為薩迦五祖之首祖。薩迦派的主要教法就源自卓彌。

桂・枯巴拉則譯師初從卓彌學法，後三次赴印度，接觸過許多著名論師，長期跟靜賢譯師學密宗集密龍猛派教授，曾拜

阿底峽為師。回藏後，他譯有《勝樂金剛空行續》、《四座續》、《摩訶摩耶續》和《歡喜金剛續》等密法。主要所弘的教授，就是龍猛派的集密。他的弟子很多，寧瑪派的素爾窮·喜饒扎巴（一〇一四～一〇七四年）曾聽他講過《喜金剛經》。

　　瑪爾巴譯師本名卻吉洛追（法慧），十五歲從卓彌學習聲明，後三次赴印度，四次赴尼泊爾從那饒巴、彌勒巴（梅只巴）、靜賢、龐廷巴等諸大論師廣學集密、勝樂、大手印、歡喜金剛、摩訶摩耶、四座等密法。回藏後，定居在洛扎的卓窩譯經傳教。他把所學全部密法傳給米拉日巴（一〇四〇～一一二三年），米拉日巴再傳達波拉傑（一〇七九～一一五三年）形成為噶舉派達波噶舉系統。米拉日巴另有一著名弟子熱窮巴（一〇八三～一一六一年），本名多吉扎，是米拉日巴的同鄉，幼年從米拉日巴學法，後赴印度學勝樂等數種密法和無身空行母法。回藏後又把該法傳給米拉日巴，後在噶舉派中形成「熱窮耳傳」和米拉日巴的「勝樂耳

傳」兩個系統。熱窮巴曾到西藏各地傳播噶舉派密法，後長期住洛饒地方，以此為中心，著重傳授密宗修練（實修）而不大注重教法傳承，故未形成支派。瑪爾巴譯師所創噶舉派形成於西元十一世紀。它一開始就分為兩大傳承系統，即達波噶舉和香巴噶舉，但兩系的密法是同源的，均來自那饒巴等論師和瑪爾巴譯師。

◀ 托林寺壁畫，風格活潑明快。經過畫師千百年不斷創造，吸取了漢地及鄰邦印度、尼泊爾等外來的繪畫技藝，西藏壁畫形成自己獨特的風格。
▲ 藏傳佛教法器白螺無盡結尊勝幢法輪。

西藏苯教經歷了哪些歷史變化？

苯教是在佛教傳入西藏之前，流行於藏區的原始宗教。苯教最初在今西藏阿里地區南部、古代稱作象雄的地區發展，後沿雅魯藏布江河谷自西向東傳播到整個藏區。

苯教的祖師叫「興繞」，意思是最高的巫師。苯教信仰萬物有靈，所崇拜的對象包括天、地、日、月、星宿、雷電、冰雹、山川、草木、禽獸等眾多自然物。學者把這種宗教稱作靈氣薩滿教（Animist shamanism）。苯教的產生與西藏極為特殊的地理環境有著密切的關係。

苯教把世界分為三個部分，即天、地、地下。天上的神名字叫作「贊」，地上的神稱為「年」，地下的神稱為「魯」，即常說的龍。天神在苯教中占重

要地位，傳說吐蕃王朝的第一位王聶赤贊普就是天神之子，順著天梯降到人間的。聶赤贊普和他以後的六位贊普在完成人間的事業後，都順著天梯回到天上。第八位止貢贊普在和大臣羅昂比武時被殺，這個天梯就被割斷了，從此以後的贊普就再也不能上天了。止貢贊普是第一位把屍體留在人世間的吐蕃王朝的贊普，從此吐蕃王朝的贊普有了陵墓。在苯教的經典和傳說中曾提出，地從裡到外有九層，而天也有九重。有關九重天的說法以後又發展為

十三重,「十三」在苯教中是一個吉祥的數字。

苯教的活動主要通過巫師來進行,巫師作法時最主要的法器是鼓,藏傳佛教受此影響,也將鼓列為重要的法器。苯教的巫師在社會上很有威望和地位,從婚喪娶嫁、農耕放牧,到交兵會盟、贊普的安葬建陵、新贊普的繼位主政,都由苯教巫師來決定。

苯教巫師權力的膨脹,很大程度地削弱了贊普的權力。苯教巫師大都由貴族的子弟世襲擔任,而巫師總假借神的意志支持貴族勢力,與吐蕃王室作對。因此,吐蕃王室與苯教的矛盾日益尖銳。

西元七世紀初,佛教傳入藏區,很快受到吐蕃王室的扶植。七五五年,赤松德贊即位後,提出讓佛教和苯教的代表人物辯論兩種宗教的優劣。當辯論結束後,赤松德贊宣佈他認為佛教的教義有道理。隨後,信奉苯教的人不是被迫改信佛教,就是被流放到邊地。苯教從此受到很大的壓制。

西元九世紀時,朗達瑪即位贊普後實行排佛運動,一度被壓制下去的苯教勢力又開始興盛起來。苯教針對自身缺乏理論體系的缺點,大量借鑑、吸收、改造佛教的經典、教義和儀軌。苯教沒有教主,於是便借鑑佛教的教主釋迦牟尼,創造出「興繞」這個傳說中的苯教教主;另外苯教還把大量的佛教經典翻改成苯教經典。另一方面,苯教也採取了一些和佛教相反的作法。如佛教對聖地是以順時針方向轉為功德,而苯教則以逆時針方向轉為功德,轉動經筒時也是如此。隨著藏傳佛教在藏區取得統治地位,苯教的勢力越來越弱。現在,藏北地區仍有部分苯教信徒。

◀ 西藏那曲地區聶榮諾布林寺的白巴神殿。諾布林寺是一座著名的苯教寺廟,由於受藏傳佛教的影響,諾布林寺的型制與一般的藏傳佛教寺廟沒有什麼區別。

▼ 「跳神」是西藏一種傳統的面具舞蹈,用來驅魔酬神。

阿底峽對藏傳佛教的貢獻如何？

阿底峽（九八二～一〇五四年）本名月藏，二十九歲出家，法名燃燈吉祥智，曾任那爛陀寺和超戒寺首座（住持），頗有名聲。當時西藏佛教正處於後弘期的開端，阿底峽進藏傳佛，對西藏密宗的發展具有深遠的影響。

西藏「後弘期」佛教密宗興盛的同時，不可避免地出現了重密輕顯，密法修習次第混亂等現象。對西藏佛教顯密修習次第進行整頓調整者，則是印度著名僧人阿底峽（今屬孟加拉）。

西藏阿里古格王朝絳曲沃遵照其伯祖父意希沃的遺願，派那措譯師格西貢塘巴、安敦、格敦、嘉敦等攜黃金往迎之。西元一〇四二年，阿底峽進藏，在藏傳教十七年，七十三歲時病歿於西藏聶塘。其間，除傳徒授法外，他主要致力於調整西藏佛教顯密修習次第和顯密兩宗關係。阿底峽進藏後，在托林寺作《菩提道燈論》

就是針對西藏當時顯密修習混亂而來的。《菩提道燈論》概述了顯密要旨及三士道（即出離心、菩提心、真空見）和福智雙修的見解。阿底峽並不反對密法，而且把無上瑜伽密部視為「圓滿修持」的重要組成部分和最高修行階段。不過阿底峽對密法傳授極為慎重，不肯輕易傳授。因此，他把四本續之一切口訣只秘密傳給仲敦巴（一〇〇四～一〇六四年），使他成為顯密全部之教主。仲敦巴於一〇五六年受達木（今當雄）統治者的迎請到達熱振，建熱振寺，遂形成噶當派。仲敦巴死後，其弟子承襲分別傳徒授法，於是又形成該派中的教典（重經）、教授（重師長指點和實修）和教誡三大派系。

阿底峽的宗旨反映了當時印度的密教狀況。在印度波羅、斯那兩王朝期間，密教發展有兩個系統。一是以寺院（那爛陀、超戒）為中心，其特點是把密宗教理與顯宗教理混合起來談。如師子賢就是達磨波羅時代的論師，他提倡般若學說與密教相結合。他的弟子覺智足則更是將般若與密教混合起來講的。阿底峽也是印度當時顯密雙談的一位大家。二是通俗化的密教，不重教理，專重實修。噶當派的教法對調整顯密關係，提倡先顯後密的次第，強調修密的「根器」有一定的作用。藏傳佛教各派均受到該派的影響。其中後起的格魯派（黃教）完全是在噶當派教法基礎上形成的，因此格魯派又稱新噶當派。

◀ 唐卡阿底峽本生。阿底峽是藏傳佛教的奠基人之一，他傳播的思想和學説後來形成噶當派。宗喀巴繼承和發展他的學説創
　 立了格魯派。

▲ 清代阿底峽像。

宗喀巴對密宗的發展有何貢獻？

宗喀巴（一三五七～一四一九年）是藏傳佛教格魯派（黃教）的創始人，在西藏弘傳阿底峽的顯密結合教法。後來格魯派在西藏政治和宗教上取得統治性地位，其顯密教法對西藏社會之深刻影響也較其他教派為重。

宗喀巴年輕時曾從諸大師廣學顯密經論，達到很深的造詣。他七歲時在青海西寧附近的甲瓊寺出家，從噶當派僧人頓珠仁欽（一三〇九～？年）學經九年，在佛學方面打下堅實的基礎，十六歲到衛藏學經，從仁達瓦・宣努羅追（一三四九～一四一二年）學薩迦派教法，其佛學觀點對宗喀巴影響很大。宗喀巴全面學習了西藏佛教顯密二宗各派教法，並系統進行修習。此外，他積極進行宗教社會活動，廣交名士，為人講經，與人辯論。由於他佛學知識淵博，記憶超人，口才出眾，因而聲望很高。他大力提倡戒律，強調顯密修習次第，並著書立說，廣為宣揚。他以阿底峽的《菩提道燈論》為宗，著成《菩提道次第廣論》和《密宗道次第廣論》，書中體現了宗喀巴的顯密思想的完整體系，是格魯派的理論基礎。他重視幾種大部密典的註釋解說，而不專修其中一種密法。此外，重在以顯教理論為基礎集合密宗修證的體驗，從而體現出他倡導的必須在顯宗深厚的基礎上才能系統修習密法，先顯後密的宗旨。宗喀巴的時代，印度佛教早已泯滅，但從宗喀巴可以看出「藏密」發展了印度密教，印度後期密教提出的，但未及組織化和實踐的思想，在宗喀巴時得到完成，這是密教西藏在地化的重要表現之一。

◀ 清代宗喀巴像。
▶ 格魯派皈依境唐卡。

寧瑪派側重的密法是什麼？

　　西藏佛教寧瑪派是諸教派中歷史最久遠的一派。藏語「寧瑪」兩字的意思是「古」或「舊」。所謂「古」，是說該派自稱是自西元八世紀蓮花生大師時承傳下來的，比其他教派的形成早三百餘年；所謂「舊」，是指它所傳的是「前弘期」的舊派密咒。

西元十一世紀時，西藏僧人索爾波且·釋迦瓊乃（一〇〇二～一〇六〇年）、索爾瓊·喜饒扎巴（一〇一四～一〇七四年）、索爾瓊·卓浦巴·釋迦僧格（一〇七四～一一四三年）和絨·卻吉桑布等奉蓮花生為祖師，依照他入藏所傳密咒和伏藏修習為傳承，開始建立寺廟，開展活動，遂形成一派。但當時並無派名，在「後弘期」其他教派形成後，因其遵循舊密咒，故稱其為寧瑪派。寧瑪派的特點是組織渙散，教徒分散各地，教法內容也不一致，各有各的傳承。寧瑪派重密輕顯，無正規的學經制度。寧瑪派的教法有多種傳承，通常說到的有三種：一、遠傳者經典傳承；二、近世伏藏傳承；三、甚深淨境傳承。寧瑪派的教法判為九乘，分別是聲聞、緣覺、菩薩名、事部、行部、瑜伽部、生起摩訶瑜伽、教敕阿魯瑜伽和大圓滿阿底瑜伽。

◀ 桑耶寺蓮花生降魔壁畫。
▼ 清代六臂瑪哈噶拉像。瑪哈噶拉又名大黑天，藏傳佛教傳入蒙區後，瑪哈噶拉成為蒙古各部最為信奉的護法神。

寧瑪派的大圓滿法是什麼意思？

　　大圓滿法是寧瑪派主要的也是特有的密法。它主張人的心體就其本質而言是純淨的，是「遠離塵垢」的。修習的目的在於如何將這個遠離塵垢的心體把握。寧瑪派認為要把握好自己的心體，就應該採取聽其自然的做法，讓這個心隨意而住。如果能夠做到在「空虛明淨」當中把心安住於一境，那就是修習大圓滿的成果。

　　任何大乘佛教的派別都講境、行、果。境，是對宇宙萬物本體的認識；行，是作為；果，是從行而得到的結果。對於境，寧瑪派認為，這個本體既非世間之心所能瞭解，也不是超世間的心所能瞭解。這個本體是潔淨的、永恆的，是不會被塵垢污染的。而一切法，都是從這個本體衍生出來的，沒有這個本體，也就沒有世間萬物。對於「境」有了這樣的認識，然後應該如何去「行」呢？寧瑪派認為應該按大圓滿法去修習，去行動。據該派說，如果按大圓滿法去修習，就能擺脫各種迷惑的思想，擺脫各種慾望和心意，也就會變得乾乾淨淨，這樣，大圓滿法的成果就得到了，也就是「即身成佛」了。

▼桑耶寺大殿內景。

噶當派側重的密法是什麼？

藏語「噶」字意為「佛語」，「當」字意為「教授」或「教誡」；「噶當」意指一切佛語（顯、密經律論三藏）都是對僧人修行全過程的指導。噶當派的教法源於阿底峽，但該派正式創始人是阿底峽的弟子仲敦巴（一○○五～一○六四年）。

阿底峽入藏弘法，應阿里古格王朝絳曲沃之邀，著《菩提道燈論》，闡明顯密教義不相違背之理和修行應遵循的次第，為噶當派的理論和實踐打下了基礎。仲敦巴跟從阿底峽學習顯密各種教法。西元一○五四年，阿底峽在聶塘去世後，其門徒多從仲敦巴學習法。一○五六年初，仲敦巴應當雄統治者之請，前往傳教，並在熱振地方建熱振寺作為根本道場，後逐漸形成噶當派。仲敦巴死後，其三大弟子分別傳法，遂形成教典派、教授派和教誡派。由博多哇‧仁青賽（一○三一～一一○五年）傳出的一支稱教典派，該派比較重視佛教經典的學習；由京俄哇‧楚臣拔（一○三八～一一○三年）傳出的一支稱教授派，該派比較重視師長的指導，重唸咒、供佛和靜修。教誡派系普窮哇‧宣奴堅贊（一○三一～一一○六年）所傳。教典派傳授阿底峽的思想，說一切經論都是成佛的方便，一切教典都是修行的依據，以此為宗旨，主講

「噶當七論」（《大乘經莊嚴論》、《菩提地》、《集菩薩學論》、《入菩提行論》、《本生論》、《集法句經》和《菩提道炬論》）；教授派以阿底峽的《菩提道炬論》中「三士道」次第見行雙運為主旨，以「四諦」、「緣起」、「二諦」為教授，以明「無我義」之正義，通依一切大乘經典，別依《華嚴經》、龍樹的《寶論》、寂天的《集學論》，《入行論》為主；教誡派以「恆住五念」教授為主旨，

▶ 西元八世紀，佛苯之間曾有過一場大辯論，吐蕃贊普赤松德贊宣佈佛教取勝，下令全藏改信佛教，並在桑耶寺立下了這塊「興佛證盟碑」。

以「十六明點」的修法為心要法門，修這個教派的，下自戒律，上至金剛乘法，能在一座中一齊修習，所崇拜的本尊有釋迦佛、觀音、綠度母、不動明王，教法是三藏，四尊、三藏，合稱「噶當派七寶」。

噶當派雖以顯宗為主，但並不排斥密宗，取調和態度。修習次第強調先顯後密，主張顯密二宗不應相互攻訐，而應當相互補充。噶當派所傳密法，是以《真實攝經》一系的密法為主。《真實攝經》屬於密宗四部怛特羅中的第三部即瑜伽部，對該部的解釋仍然是以顯宗教義為基礎的。在阿底峽時，四部怛特羅中的第四部即無上瑜伽部的一些內容，如勝樂、大威德、密集等已經在印度盛行，並且逐步傳播到西藏。無上瑜伽部，除了具有猙獰、

恐怖的色彩外，還有一些雙身歡喜佛，描寫男女性關係的內容，往往導致一些污穢的事情出現。因此，阿底峽在世時提倡遵循第三部怛特羅瑜伽部的《真實攝經》修習密法。這樣，既顯示了噶當派與薩迦派、噶舉派專門崇尚無上瑜伽部密法有所不同，又與寧瑪派的密法中大量吸收苯教的東西有更大的差別。因此，噶當派在西藏佛教中享有顯密教法「純淨」的聲譽。

雖然噶當派後來以怯喀寺、基布寺為基礎形成了一個規模較大的寺院集團，但並沒有掌握地方政權。西元十五世紀初，宗喀巴在噶當派基礎上創立了格魯派，亦稱新噶當派，原來屬於噶當派的寺院都變成了格魯寺院，噶當派遂並入格魯派。

▼ 藏王陵。

《菩提道燈論》的內容是什麼？

阿底峽的《菩提道燈論》，譯成漢文僅有兩千字左右。它把一個佛教徒從最初拜師學佛到最後修成佛果的整個過程中所應做的事情都詳加羅列，讓學佛者由淺入深，循序漸進，沿著所說的階梯逐步攀登。

按該論的說法，學佛的人可以分成三類：一類稱作「下士」，這類人不希求解脫世間的痛苦，只求今生今世的「利樂」，佛教把這叫做「人天乘」；第二類叫做「中士」，這種人只追求個人解脫世間流轉輪迴之苦，並沒有普渡眾生的想法，佛教把這叫做「小乘」；第三類叫做「上士」，這類人不僅自求解脫，並願普渡眾生，佛教把這叫做「大乘」。人分三類，修習次第也分為三道，即「下士道」、「中士道」和「上士道」，合稱為「三士道」。

「三士道」認為，一個人若想學佛，必須先訪求名師，並且依照師長的指導，身體力行去修習，以免誤入歧途，這是學佛法的一個先決條件，在具備了這個條件以後，才能從「下士道」依次修起。

「下士道」的內容是說，凡人皆有死，一到死的時候，人所有的名利、親屬、財產都帶不走，就連自己的身體也不能帶走，因此，修佛的人應該愛惜自己這難得的一生，必須努力學習佛法，以免死後墮入「三惡趣」之中，痛苦難言。要自己發願心，皈依佛、法、僧「三寶」，努力做「止惡修善」的事，以便積德積福，遠離地獄之苦。據佛教說，這就是「下士勤方便，恆求自身樂」。

一個人如果照「下士道」的指導原則努力地修習佛法，雖然在來生可以不受地獄、餓鬼、畜生「三惡趣」的痛苦，在人、阿修羅、天「三善趣」中投生，但這並不是絕對的樂，不是終極意義上的樂，只是與「三惡趣」相對比意義上的樂。而且如果自己的「下土道」操持得不好，還有可能墮入「三惡趣」的苦海之中。為了超脫流轉輪迴之苦，就需要進一步按照師長的指導，依照佛教規定的戒、定、慧「三學」，好好地修行，以求達到涅槃的

▶ 西藏江孜白居寺所藏各種版本藏經。藏人崇佛，所以藏經的印製特別考究。

境界。但是,這只是求得自身的解脫,還不能算是從根本上把苦滅掉,這就是「中士道」,用佛經的話來說,即「中士求滅苦,非樂苦依故」。

「中士道」中所說的戒、定、慧「三學」是一切有情眾生能夠獲得「解脫」的因,也就是說「解脫」是戒、定、慧「三學」的果,正如佛教所說:「欲得正果,須得正因。」戒、定、慧的次序是有一定的,佛教比喻,戒好像一道牆或一架屏風,可以用來擋住風,使外在的危害力量無從構成威脅。由於風被擋住,屋子裡

的空氣平靜下來,這就是由戒到定。只有在這樣一個定的環境裡,修習人的智慧之光才能像蠟燭的光亮一樣,燃燒得明亮透徹,毫無障礙,這就是所謂的慧學。

「中士道」是講一個修習佛法的人沿著戒、定、慧「三學」的道路求得解脫之果,登上涅槃。但是,即使取得這樣的成果也還不夠,還應當下決心去普渡眾生。要普渡眾生,「三善趣」裡的人,阿修羅、天以及菩薩都還不能做到,只有成了佛才能辦到。普渡眾生的願望,佛教裡叫「發菩提心」。但是如果只是發菩提心而沒有菩提行也還不行,還需要實行「六度」或「六波羅蜜」。六度是:佈施、持戒、忍耐,這稱為前三度,精進、靜慮、智慧,稱為後三度。這樣既可以渡己,又可以渡人,可以成佛,可以普渡眾生,可以永遠離苦得樂。這就是「上士道」。佛經說「上士恆勤求,自苦他安樂,及他苦永滅,以他為己故」就是這個意思。

在《菩提道燈論》的最後指出,密宗比顯宗的地位要高,並且分別等次,劃密宗經典為四部(事部、行部、瑜伽部、無上瑜伽部)。該書還以佛教徒的修習次第為綱領,系統地安排了佛教學的主要內容,它把十一世紀以前的所有佛書都安排到這個體系之中。當時的西藏佛教尚處在一個分散和雜亂無章的時期,因此,該書就成了當時惟一對佛教有系統論述的論著。它一方面成為噶當派的思想基礎,另一方面也在西藏佛教徒中確定了以實修為主的精神。

◀ 七世達賴葛桑措唐卡。

薩迦派側重的密法是什麼？

藏語「薩迦」意為「灰土」，因該派主寺座落的山坡上有一片灰白色的岩石，故該寺叫「薩迦寺」，教派也叫「薩迦派」。這派僧人頭戴紅帽，也有人稱他們為紅教。又因薩迦派寺廟及該派百姓的莊房牆壁上都刷有紅、白、藍三色線條（紅色代表文殊，白色代表觀音，藍色代表金剛手）所以人們又稱其為「花教」。

薩迦派歷史悠久，為西藏一古老貴族家族昆氏所創立，其法王為世襲。赤松德贊時期，大臣昆拔窩伽的第三子昆氏魯益旺波松（龍王護）是西藏最早剃度為僧的七人之一。此人的第四子侍壽的兒子金剛寶，數傳至釋迦慧。釋迦慧又有二子，次子就是貢卻傑布（一○三四～一一○二年）。貢卻傑布從小智力過人，隨其父學習寧瑪派教法和經典。後來，拜卓彌譯師釋迦益希為師，廣學「後弘期」所翻譯的密教經典。又從桂‧枯巴拉則譯師、迦濕彌羅國（今克什米爾）杭都迦薄譯師、瑪寶勝譯師、津巴譯師等學習顯密教法，而以卓彌所傳「道果法」為主要教法，廣招信徒。四十歲時，貢卻傑布在奔波山建立薩迦寺，以後就逐漸形成薩迦派。建寺後，住持弘法三十年，於藏歷水馬年去世。

當時，其長子貢噶寧布（一○九二～一一五八年）年幼，於是就請拔日譯師仁欽紮住持薩迦寺，並拜仁欽扎為師，學法甚多。另外，又向當時許多著名法師和譯師學習顯密教法，還學習了「道果法」的密訣和修道法。貢噶寧布以後成為教主，住持薩迦寺四十八年，弟子甚眾。「弟子中有得世第一法者三人，得忍者七人，得通達者八十人，秉承講說之心子

▶ 薩迦寺密集金剛鎦金像，也稱歡喜佛。

明大師。二十七歲從喀且班禪受苾芻戒。貢噶堅讚著有《明藏淪》及《分別三律儀論》、盡破當時之「惡說及邪執」，又於基仲以正大理破南印外道西利為首之六敵，使皈依佛法。因此，「美聲令譽，遍於大地」，並得到薩迦班禪（薩班）的稱號。西元一二四六年，受蒙古闊端王之邀到涼州弘法，享年七十。薩班的弟弟共有四子，其中最有名的一個就是八思巴（一二三五～一二八〇年）。

到了十四世紀前半期時，薩迦派內部不和，分裂為細脫、拉康、仁欽崗、都卻四個喇章（喇章意為僧院），各佔一方，逐漸衰落。薩迦在政治上失勢後，偏安一隅，成為薩迦地方的小土司，被稱為薩迦貢瑪或薩迦達欽。薩迦派在宗教上還有一定的影響，明朝時所封的大乘法王、贊善王、輔教王等都是薩迦教派的人，只不過在政治上是逐漸式微。

十一人，解釋文句之心弟子七人」。另外，貢噶寧布親生四子，第四子白欽威布（一一五〇～一二〇三年）的長子貢噶堅讚（一一八二～一二五一年）就是以後著名的薩迦班禪。

貢噶堅讚自幼從伯父扎巴堅讚學法，相傳九歲就能為人講法。他精通梵文，十八歲學《俱捨論》，十九歲從喀伽班禪聽《金剛歌》等，又從寧敦金剛歸學慈氏諸論。二十歲時，從瑪甲菩提精進和粗敦童獅子學習《因明論》，從則巴自在獅子學宗派論，從幾倭勒巴菩提光學習寂滅、大圓滿、能斷等各種教授。二十三歲時，喀且班禪到西藏，又向班禪及其弟子僧祥、妙來祥、施戒等學聲明量論（因明）、大小五明，遂成為五

住持薩迦派的人很多。密教方面是俄巴貢噶桑布（一三八二～一四五六年），該派學人稱為俄爾派，以俄爾寺為中心，成為晚期薩迦派在後藏的重要密教傳播場所；圖敦‧貢噶南傑（一四三二～一四六九年），在山南貢噶以東建多吉丹寺，成為在前藏傳播密法的重要場所，形成貢噶支派；擦爾欽‧羅賽甲措（一四九六～一五六六年）常住薩迦以西拉孜以南的圖丹根培寺，門徒甚眾，形成

擦爾支派，傳播以上兩支派沒有傳播的密
法。顯教方面，最著名的有雅、絨二師。
雅，即雅楚佛祥；絨，即絨敦說法獅子。
他們著述甚多，通達五明，門徒甚眾。

　　薩迦派的見解和修行法，諸名師的見
解很不一致。如薩班、絨敦等很多人是中
觀自續派的見解；吉村仁達又是中規應成
派見解；釋嘎覺開始持中觀見解，中間又
變成唯識見解，後來又轉成為覺囊派的他
空見解；其餘諸大師持大圓滿見解。薩迦
派的獨特見解是「明空無執」或「生死涅
槃無別」，即是「道果法」的見解。「道
果法」是薩迦派最重要的密法。

◀ 薩迦寺喇嘛吹奏法號。
▲ 薩迦寺收藏的明代宣德五彩碗，上有藏文經咒，為朝廷所
　賜。
▼ 薩迦寺珍藏的金汁《甘珠爾》，藏文《大藏經》由《甘珠
　爾》和《丹珠爾》兩部分組成。《甘珠爾》相當於經藏，
　《丹珠爾》相當於論藏。

八思巴的生平事跡如何？

八思巴出生於西藏薩迦的貴族之家，八思巴是世人對其的尊稱，意思是聖者。八思巴是元朝的第一代帝師（元朝歷代皇帝信奉藏傳佛教，帝師是其對藏傳佛教神職人員的最高封號）。

八思巴初生時，其家族長者薩迦班禪曾說：「此子勝過餘者」。據傳，八思巴三歲能背誦海生修法，八歲為眾生講本生論，九歲講喜金剛根本經。八思巴十歲時，曾隨同薩班赴涼州，表示歸順，並為蒙古王子闊端說法。路經拉薩時，八思巴在大昭寺受沙彌戒，取名為羅追堅贊。西元一二五三年，八思巴受忽必烈邀請，謁忽必烈於六盤山駐地，傳授「歡喜金剛」灌頂，備受崇敬。當時，佛教與道教為爭奪蒙古統治者信任，屢起論戰。一二五八年，忽必烈集僧道辯論《老子化胡經》真偽。八思巴參與辯論，使道士詞窮。中統元年（一二六〇年），忽必烈即大汗位，八思巴被忽必烈封為「國師」，賜玉印，統領天下釋教。一二六四年，忽必烈自蒙古上都遷都大都（今北京），在朝廷內設立總制院，授命八思巴以國師身分兼管總制院，掌管全國的佛教事務和藏族地區的行政事務。從此，西藏的政教全權就歸薩迦派掌握。一二七一年，忽必烈改國號為大元，稱帝，封八思巴為帝師、大寶法王。一二七四年，八思巴回薩迦寺，統治西藏。一二八〇年，八思巴去世。

◀◀ 銀鎦金鑲嵌寶石金剛杵。
◀ 元代銅製鎏金菩薩像。

▲ 布達拉宮藏玉雕八思巴像。

「八思巴文」

　　八思巴文是八思巴以藏文為基礎創製的蒙古新字，屬於拼音文字。西元一二六九年，忽必烈頒詔推行。元朝滅亡後，八思巴文被廢棄。八思巴字主要由藏文字母組成，也有少數梵文字母及新造字母。八思巴字的字母多呈方形。最初數量有四十一個，後陸續增加，包括各種變體有五十七個。八思巴文主要應用於官方文件中，也譯寫過一些書籍，還曾用於轉寫漢文、藏文等。

薩迦派的「道果法」內容如何？

薩迦派的教義中，最獨特的就是「道果」，但對於「道果」的解釋，則有幾種不同的說法。這裡，我們根據龍樹一派的說法，略作介紹。

修習薩迦派的「道果」法有三個次第，用佛經的話來說，就是「最初捨非福，中斷於我執，後除一切見，知此為智者」。

「最初捨非福」的意思是，一個人應當想到今生能投胎為人，而沒有墮入地獄、餓鬼、畜生「三惡趣」中去，是由於「前世」積善修得來的，是不容易的事情。要珍惜這個結果，就要防止做壞事。壞事在佛教來講，就是「非福惡業」，人應該把「非福」捨掉不做，而專心致志於行善做好事，起碼可以指望來世投生在天、阿修羅、人「三善趣」之中，這就是「最初捨非福」。

知道了「最初捨非福」的道理，能夠努力做止惡修善的事。「下世」可以轉生到「三善趣」之中，固然是好事，但仍沒有脫離苦惱，沒有超脫輪迴。要想完全脫離苦惱和流轉輪迴，那就必須斷除「我執」。所謂「我執」就是人們的思想牽掛於某件有形無形的事物之上。如果能把一切有形或無形的事物，從思想上斷除掉，即是斷除「我執」了。

用什麼方法才能斷除「我執」呢？這就要樹立「無我空慧」的思想。要求修行者首先應該想到：人的身體不過是眾緣湊合而成的，並非實有，假若沒有父母的因緣巧合，自己的身體也不會存在的，世間萬物也是如此，所以宇宙間的萬物都不是實有，能悟透這個道理，就是由「無我空慧」來斷除「我執」了。把「我執」斷

除，煩惱苦痛就都無從生起，也就是從流
轉輪迴的痛苦中解脫出來了，這就是「中
斷於我執」的解釋。也就是把世間的一切
都看穿看透，以便斷除任何慾念，並靠斷
除慾念來解脫痛苦。

那麼，什麼是「後除一切見」呢？
當一個人有了「諸法無我」的看法（佛
教稱為「正見」）之後，假如他認為「宇
宙萬物皆非實有」，那他就犯了「斷見」
的毛病，因為當他確認這句話是真實的時
候，這句話本身就變成是實有了，又怎麼
能說「宇宙萬物皆非實有」呢？須知「皆
非實有」的意思是說一切的「有」都是由
於眾緣湊合而成為「有」的，所以是「非
實有」。因此，不能抓住「宇宙萬物皆非
實有」這句話去片面地解釋。應當認為自
然的、獨立的「實有」固然是不存在的，
但是由於因緣湊合而成的「有」還是存在
的，說它不是「實有」，是從它的終極意
義而言的。一個人如果只抓住「一切實
無」、「一切皆非實有」的話去認識世
界，那就是犯了「斷見」，而這按照佛教
的說法是很危險的，因為一個人如果沒有
斷除「我執」，固然斷除不了煩惱，脫離

不了轉回。但是只要相信有因果報應生死
輪迴，他還可以想到不做惡事，以求得到
來生的幸福。可是只知抓住「一切實無」
的那些犯了「斷見」的人，就會認為生無
由來，死無去處，因果也是無，善惡也是
無，引申開去，他就可以不做善事，盡做
惡事，這豈不是比沒有斷除「我執」的人
更危險嗎？

「斷」的對立面是「常」，「斷」
可以理解為武斷，「常」可以理解為平
常。持「斷見」有危險，持「常見」，即
和平常人一般見解也不足取。佛教既反對
「斷」，也反對「常」，按佛家的話來
說就是「不落斷常兩邊，方為無執之中
道」。總之，一個人在斷除「我執」以
後，還必須防止「斷見」和「常見」，要
走中道，這就是「後除一切見，知此為
智者」的意思。獲得佛教所說的「一切
智」，也就達到「涅槃」境界這個「果」
了。

◀ 松贊干布、赤松德贊、赤祖德贊三人因為護持佛教，因此
被藏人稱為「三怙主」。

▲ 藏傳佛教寺廟的裝飾多以壁畫、唐卡等為主，浮雕較少。
圖中薩迦寺的力士和天女浮雕具有明顯的印度風格。

噶舉派側重的密法是什麼？

藏語「噶舉」意為言傳。因該派最重視口授密法的傳承，故稱噶舉派。該派僧人多穿白色衣裙，故又俗稱白教。噶舉派的教義，顯宗傳承是應成中觀論的，但最主要的教法「大手印」是屬於顯密教法。

噶舉派有兩個系統：一是瑪爾巴（一〇一二～一〇九七年）傳來的，稱為達波噶舉；二是由瓊波南交巴（一〇八六～？年）傳來的，叫做香巴噶舉。這兩個系統的密法教義均來自印度，只因後來傳播的地區不同，才分為達波噶舉和香巴噶舉。

噶舉派的始祖是瑪爾巴‧卻吉羅追。他是西藏山南人，十五歲在卓彌譯師處學法，在通達了聲明學（語言學）之後，曾三次到印度，四次去尼泊爾，拜班禪那饒巴、俄達彌勒巴（或譯梅只巴）、白益西寧布、珠欽西互桑布等一百零八位大師為師、聽講集密等無上瑜伽部密典，並詳細研修各種教授和作法，依止彌勒巴證得「大手印」境界。回藏之後，教化弟子甚眾，最著名者有四大弟子，即俄頓曲古多吉、粗頓旺額、梅頓江村和米拉日巴。傳給前三人講解教典的教授，輾轉相承，廣弘「集密」、「勝樂」、「歡喜金剛」、「四座」、「大幻」等灌頂和續部教典的講說。後來布頓大師和宗喀巴大師廣傳其教義。傳給米拉日巴的是修行的教授。

米拉日巴（一〇四〇～一一二三年），是西藏佛教史上的一個重要人物。

生於後藏貢塘，年幼喪父，伯父和姑母霸佔其財產，使其痛苦難忍。長大後，憤而學習咒術，殺伯父親友多人，以後又深悔其罪業，前赴洛扎拜瑪爾巴為師。初未傳法，而用種種苦行折磨他。以後才圓滿傳授灌頂和修行教授。四十五歲返鄉安葬其母的屍骨，後棄世入山靜修。弟子甚多，最著名者為熱窮巴（一○八三～一一六一年）和達波拉傑。

達波拉傑出身於達波地方，因精於醫道，故稱達波拉傑（拉傑意為醫生）。二十六歲時出家學佛。初拜甲域哇為師學習噶當派中教授派的經典，到三十二歲時去世後藏拜見米拉日巴、從學密法「多吉帕姆灌頂」和「拙火定」。西元一一二一年，他在達波地區建立崗布寺，收徒傳法。達波拉傑融合了噶當派的教法和米拉日巴所傳的密法，形成了自己的以「大印」為主的體系，創立了達波噶舉支派。達波噶舉是和香巴噶舉並列的噶舉派兩大傳承之一。後來香巴噶舉衰微了，而達波噶舉又傳出了四大支八小支。

香巴噶舉分別以甲寺和桑定寺為中心，形成兩個支派。甲寺的情況不詳。桑定寺在拉薩到江孜之間的浪卡子縣，寺內都是男喇嘛，惟獨主持人是位女活佛，名為多吉帕姆，她是西藏惟一的女活佛，地位很高。該派歷史上有一位著名人物叫湯東傑布

（一三八五～一四六四年），他以藏戲作為募捐手段，修建了百餘座鐵索橋。過去唱藏戲的劇團，都把他當作祖師供奉。西藏有些寺院裡有他的畫像或塑像，形像是一白鬚白眉老人，手持幾節鐵索。

據說，宗喀巴及其弟子克主傑曾向香巴噶舉派僧人學過法，但以後香巴噶舉就漸漸湮沒無聞。

◀ 楚布寺是噶舉派的寺廟，一名藏人正在楚布寺周圍的山路上轉山。
▶ 元代金剛手菩薩。

「大手印法」的內容是什麼？

　　噶舉派系複雜，但它們所宣揚的教義基本上大同小異，均屬瑪爾巴・米拉日巴的傳承，以龍樹的「中觀論」為基礎而創立的獨特「大手印法」。

　　大手印法是一種顯密兼修的教法，要求修法者把自己的思想（心）專注在一個地方（境），讓自己的思想不亂，不起分別，就是不去分別「善惡」，持之以久，就可修到所謂的「禪定」，然後再從頭到腳去觀察自己那顆安住於一「境」的「心」，是在身外還是在身內，當你發現那裡也找不到時，你就「明白」了這顆心並非「實有」而是「空」。這樣，就達到了所謂「空智解脫合一」的境界，就成為「佛」了。在修法上，該派大都先從修所謂的「拙火定」（苦修法）開始，即利用氣功的那一套功夫，藉以防禦饑寒，並非如佛教徒所渲染的修法者可以「吞刀吐火，肉體飛升，遊行虛空，如履平地」。這種苦修法在當時的條件下，對百姓具有很大的吸引力。噶舉派的最高修法是無上瑜伽密的所謂「雙身修法」，即通過男女修法者交媾的形式去證悟「空性」。

　　噶舉派教義的內容是和人的精神作用互相聯繫的。修法能使人的身體發生變化，這種變化是客觀的，但是噶舉派把這種人體的變化歸結為修法以後得到的「驗證」，這就是唯心的了。

◀ 歡喜金剛像，藏名「傑巴多吉」，為藏傳佛教神之一。

▶ 西藏絨布寺位於珠穆朗瑪峰下，屬寧瑪派，是世界上海拔最高的寺廟。

什麼是「寧瑪九乘」、「三部」？

寧瑪派的特點之一，是它和苯教相似。苯教有所謂「九乘」之說，寧瑪派也有所謂「九乘」。「九乘」是在寧瑪派形成為一個教派後才產生的。寧瑪派把自己的顯密教法判為「九乘」、「三部」。

所謂「九乘」是：一、聲聞乘。二、緣覺乘（以上二乘相當於一般所謂的小乘）。三、菩薩乘（寧瑪派人稱前三乘為共三乘，意為顯密共習的三乘）。四、作密。五、行密。六、瑜伽密（這是密教四部的前三部）。七、大瑜伽密。八、無比瑜伽密。九、無上瑜伽密（這三乘實際上相當於密教第四部無上瑜伽部）。寧瑪派教法的「幻化部」相當於第七乘大瑜伽密；「集經部」相當於第八乘無比瑜伽密，「大圓滿法」相當於第九乘無上瑜伽密。寧瑪派以為這三乘是它們所獨有的，故又稱為內密三乘或無上內三乘。而第四、第五、第六，這三乘則是寧瑪派和其他喇嘛教派所共有的，故又稱外密三乘或無上外三乘。第九乘無上瑜伽密，又分為「心部」、「自在部」和「教授部」，這三部在歷史上又各有各自的傳承，但後來又都包括在「大圓滿法」裡面。絨卻吉桑波所傳的一系列，是以第九無上瑜伽密為主的；到隆欽然絳巴（一三〇八～一三六四年）時，才特別提出了「大圓滿法」，它實際上相當於無上瑜伽乘，而又以其中的「教授部」為主。「教授部」理論和漢地禪宗的「明心見性」、「直認本真」等思想很相似。由此我們看到了內地佛教對西藏佛教的影響，這種影響可能是西元八世紀的漢僧禪宗僧人摩訶衍遺留下來的，也可能是以後進藏漢僧所傳播的。

希解派的教法是什麼？

　　希解派是藏傳佛教歷史上的一個較小的密宗派別，它淵源於印度僧人當巴桑結（？～———七年）。

　　當巴桑結是南印度人，曾在印度超戒寺等寺廟修行，先後以當時佛教顯教密教著名大師金洲法稱（阿底峽的老師）、邁特裡巴（瑪爾巴的教師）等五十餘人為師，跟他們學習顯密教法。他曾避世苦修，據說得到了各種成就。他的教法以般若為主，其中又以《現觀莊嚴論》為主。在密教方面，以傳大手印法門為主，但不拘一格。他先後五次進藏，在前、後藏南部傳授了各種修法，門徒不計其數。由於他因人施教，所教內容又很複雜，所以沒有形成一個統一的教派。他教授的以修法為主，其門徒都是以荒山老林墓葬場等人跡罕至之地長期苦修，很少有建立寺廟、組織僧伽形成為一派社會勢力的。他的弟子中即使有些人收徒較多，傳承較久的，也仍以苦修為主，不僅和漢地帝室沒有聯繫，在西藏也從沒有掌握或參與過地方政權。西元一〇九七年，當巴桑結曾在後藏定日附近（靠近珠穆朗瑪峰）建一寺廟，但沒有形成為他的教法中心。相傳他晚年曾朝拜過山西的五台山。他所傳下來的教法，傳承久、人數多的有兩派：一、希解派；二、覺域派。

　　希解，意思是「能寂」，即能「止息」，意思是說他們依靠對般若性空義和一整套的苦行修法，能夠達到停止生死流轉，熄滅一切苦惱及其根源，故自稱其法門為「能寂」，藏文音為「希解」。

　　至十四世紀末十五世紀初，希解派傳承絕大部分都失傳了。希解派的一些修法被其他喇嘛教派所接受和流傳，而希解派作為藏傳佛教的一派，到此時則消失泯滅了。

◀ 藏傳佛教法器，鐵錯金金剛鉞刀。
▶ 唐卡釋迦牟尼佛本生圖，唐卡是西藏一門獨特的宗教藝術。

覺域派及其密法是什麼？

覺域派也傳自當巴桑結，在他第三次進藏時，將覺域派顯密教法傳給交·釋迦耶希和雅隆·瑪熱色波。

覺域派的名字，藏文有兩種寫法，一為覺域，二為決域。前一個覺域的「覺」，字義為「斷」，即是說他們這種教法（主要指空性見、慈悲心和菩提心）能斷除人生的苦惱和生死的根源；「域」是指「境」的意思，所謂「境」是心理活動的對象的意思；該派佛教徒認為一切煩惱（他認為煩惱是起惑造業流轉生死的根源）是產生於對於我們認識對象的誤解和由此而起的愛憎，因而他們認為用所謂真正的智慧和一切人的慈悲心可以斷除這些煩惱，也就是說他們的顯密教法，是有斷除人們由於不能正確認識所面對的對象（即所謂「境」）而生起的種種煩惱的功用，所以這個「法門」名叫「覺域」。後一個決域的「決」，字義為「行」，所謂「行」，是指能認識的精神方面對它所認識的對象的認識、判斷等活動（佛教把心

理活動又叫做心行），「決域」舊譯為「所行境」，這裡也就是說他們的所謂般若空性見和慈悲心等等，對所認識的境界有把錯誤的認識，轉化成為正確的認識的功能，所以稱「決域」。

瑪熱色波的後輩門徒多為男子，故該系稱為「頗覺」（意為男傳覺域法）；交·釋迦耶希傳授給他侄子交·索南喇嘛，索南喇嘛又傳給女弟子勞准瑪，勞准瑪的後輩門徒多為女性，故該系稱為「摩覺」（意為女傳覺域法）。此外，還有喀饒巴一系的傳承。覺域派直到西元十五世紀還有傳人，而以後就銷聲匿跡了。

▲ 西藏保存至今的珍貴古代佛經。

▶ 建曼荼羅是藏傳佛教特有的一種修行方式，以保護修行者在修行時不被外魔入侵。

覺囊派及其密法是什麼？

　　覺囊派教法淵源於域莫・彌覺多吉。他曾向許多人學習過時輪金剛和密集等密法，後來創立「他空」的見解，成為該派獨特的見解。

　　彌覺多吉的五傳弟子袞邦突結尊追（一二四三～一三三三年）在拉孜東北建立了覺囊寺，該派因此而得名。突結尊追的著名弟子是凱尊雲丹嘉錯（一二〇六～一三二七年），他曾學習過卓譯師傳授的時輪金剛密法。他的弟子是篤補巴（一二九〇～一三六一年）。到篤補巴時覺囊派才興盛起來，他曾學習過薩迦派教法，因此，有人說覺囊派是西元十四世紀初從薩迦派分生出來的。

　　篤補巴原名希饒堅贊，篤補巴是他的出生地，故名篤補巴。他早年在薩迦寺講經，所講內容涉及到噶當派的《入菩提作論》。因薩迦派禁止講其他教派的書，所以他的舉動得罪了薩迦寺的上層喇嘛，於是他只得離開薩迦寺，到前後藏各大寺雲遊。他三十一歲時到了覺囊寺，向凱尊雲丹嘉錯學習「時論金剛」等密法，三十五歲時繼任覺囊寺座主。他著作很多，除論述「他空見」之外，還有許多密宗、歷算等方面的著作。其弟子甚眾，常隨其後的就有兩千多人。覺囊派在篤補巴時很是興盛，但在他之後的一段時間沒有什麼表現，無著名僧人出現。

　　到西元十六世紀後期至十七世紀初期，該派出了一個著名人物多羅那它（一五七五～一六三四年）。約在西元十六世紀晚期，覺囊派改為活佛轉世相承，據藏文史料記載，該派僧人袞噶卓喬死後的轉世就是多羅那它。多羅那它原名袞噶寧波，衛藏交界處的喀熱瓊尊地方是他的家鄉，相傳他是嘉譯師的後裔，幼年在覺囊寺學經，三十歲受比丘戒。他著有一部《印度佛教史》（一六〇八年成書），頗有影響。

　　覺囊派原受拉堆絳地方勢力支持，到十六世紀後期拉堆絳地方勢力衰落後，該派又得到第悉藏巴的支持。第悉藏巴・彭錯南傑在一六一二年以武力統治後

藏，到一六一八年又以武力控制了前藏。他和其子弟悉藏巴‧丹瓊旺布都是支持覺囊派的。由於他們的支持，再加上多羅那它的聲望，覺囊派在這期間又出現了一個比較興旺的局面。

西元一六一四年，多羅那它在覺囊寺不遠處創建了一座達丹彭錯林寺。不久，外蒙古喀爾喀部統治者派人來西藏迎請高僧去外蒙傳教（當時外蒙已有屬薩迦派的寺院），第悉藏巴為了擴展自己的勢力，請多羅那它去外蒙古傳教。多羅那它去後，在庫倫（今烏蘭巴托）一帶活動了二十年時間，頗得喀爾喀部汗王的信奉和支持，尊稱他為哲布尊丹巴，他在外蒙古建了許多寺院。一六三四年多羅那它去世。恰在一六三五年喀爾喀部土謝圖汗的王妃生一子，一些蒙古汗王就把這個孩子認為多羅那它轉世，成為哲布尊丹巴一世。一六四九年哲布尊丹巴一世進藏學經。當他學業完成準備返回外蒙時，敵視覺囊派的五世達賴已經掌握西藏宗教大權，便勒令哲布尊丹巴一世改信黃教，否則不承認他的活佛身分和外蒙的宗教地位。迫於五世達賴的權勢，哲布尊丹巴一世只好從命。於是五世達賴給他加以「哲布尊丹巴呼圖克圖」的尊號，從此外蒙古地區普遍改信了黃教。與此同時，五世達賴還在西藏把覺囊派的經書和經版全部沒收，加以封存，還把達丹彭錯林寺改名為噶丹彭錯林寺，並成為格魯派寺廟。在此情況下，覺囊派很難流傳下去。因此，到西元十七世紀後半期，該派已不復存在了。

覺囊派提倡佛教觀點是「他空見」。這種見解和所有西藏佛教其他教派的見解都不同。它認為事物有它的真實體性，這種真實體性本身不能說它是性空；由於人

的「虛妄分別」增加上去的東西，才能說是性空；因此，所謂性空，只能指由「虛妄分別」增加上去的東西是空的，而事物本真、自身不能說是空的事物；「本真」是事物之「自」，加在事物上的「虛妄分別」是「他」，因此說「性空」，只能是「他空」，不能是「自空」。這種見解和其他派別不同。其他派別遵循龍樹的中論義，說一切事物並無常存不變的實體。它本身就是虛妄的，所以才說性空。性空是說事物自體本性是「空」，對他空義來說，這也叫做「自空」。他空義說事物有它的實體，特別是引申到一切眾生皆有佛性，在眾生位的佛性和佛的佛性，無二無別。這些說法是和西藏佛教其他各派，特別是和黃教（格魯派）的觀點相對立的，但是和印度教的濕婆派的說法很有共同點。因此其他派別的喇嘛們都駁斥「他空義」的見解，而認為覺囊派的見解不是佛教。

◀ 西藏夏魯寺的佛本生故事。夏魯寺建於元代，寺內繪有大量早期壁畫，從壁畫的色澤上可以看出其年代的久遠。

▲ 清代銅鎏金大黑天像。

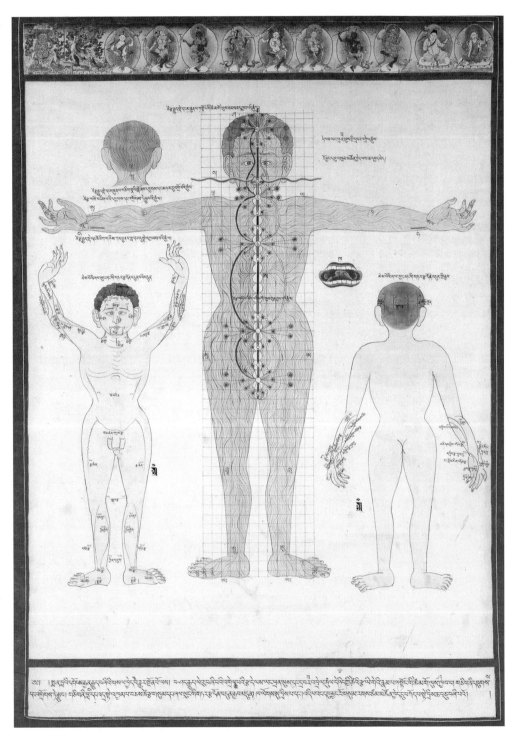

▲ 《四部醫經》掛圖。它是藏醫學最重要的經典著作，全名為《甘露要義八支秘訣竅續》。

郭扎派由誰創立，該派情況如何？

西藏佛教郭扎派的創始人是郭扎巴・索南堅贊（一一八二～一二六一年），他與薩班是同時代人。該派是藏傳佛教歷史上的一小支派，現已不復存在。

郭扎巴・索南堅贊曾向喀且班欽・釋迦室利學過顯密教法，還向當時一些著名佛教界人士學過佛法，後來他在江孜的郭扎地方建立了郭扎寺。郭扎巴・索南堅贊是當時著名的高僧，門徒很多，但他的門徒們並沒有把他的學說發揚光大。他的教法在其他教派中都有一些，但哪一派也包括不了他的學說。因此有的人把郭扎派算作一個單獨的教派，有的人則不把它當作一個獨立教派，後來該派就不存在了。

▶ 桑耶寺烏孜殿的經架及藏經。

藏文《大藏經》

藏傳佛教以經典浩繁、內容豐富、教理玄奧著稱於世。而集藏傳佛教經籍、著作之大成的便是藏文《大藏經》。藏文《大藏經》包括《甘珠爾》和《丹珠爾》兩部分，共有經典四千五百七十多部。《甘珠爾》包括經（佛一生的言教）、律（佛所制的僧團戒律）、論（關於教理的解釋和研究的論著）三藏和四續部，大致分為律、般若、華嚴、寶積、經部、續部、總目錄七大類。《丹珠爾》主要是印度、西藏佛教大師、學者、譯師對《甘珠爾》的註疏和論著的集成，其中包含較多的哲學、文學、藝術、語言、邏輯、天文、歷算、醫藥、工藝、建築等的典籍。大致分為讚頌、續部、般若、中觀、經疏、唯識、俱捨、律部、本生、書翰、因明、聲明、醫方明、工巧明、修身部、雜部、阿底峽小部集、總目錄十八類。

▲ 藏文貝葉經。

夏魯派由誰創立，該派情況如何？

夏魯派的創始人是西藏佛教界著名人士布頓・仁欽朱（一二九〇～一三六四年），因此該派又被稱作布頓派。

布頓大師佛學知識廣博，著有不少佛教學和歷史的書，他的全集有二十六函，共二百多種書。他是藏文大藏經《丹珠爾》的目錄的編纂人，後來《丹珠爾》的幾種版本，基本上都是根據他編訂的次序刻印的。他在西元一三二二年還寫了一部佛教史，即《布頓佛教史》或譯為《善逝教法源流》、《佛教史大寶藏論》。該書前半部分是講佛教在印度、尼泊爾傳播的歷史，後半部分是記述佛教在藏族地區的發展情況，最後一部分是《甘珠爾》、《丹珠爾》的總目錄。該書是研究西藏佛教史的重要參考書之一。

布頓・仁欽朱早期學習綽浦噶舉、噶當、薩迦等派教法。他在成名以後，受到日喀則東南的夏魯地方的支持，把他請到夏魯寺去做寺主，這樣，就擴大了夏魯寺的名聲。人們便把布頓傳下來的教法稱為夏魯派。由於夏魯寺原與薩迦派關係密切，所以有人又把夏魯派算為薩迦派的一個支派。布頓有許多弟子，其中有幾個還曾當過宗喀巴的老師。

▼ 夏魯寺始建於宋代，夏魯在藏語意為「新生嫩葉」。

格魯派的顯密教法是什麼？

格魯派又稱新噶當派，是西元十五世紀初西藏宗教大師宗喀巴在噶當派教義的基礎上對西藏佛教進行整頓、改革後創立的。

格魯派要求僧眾嚴持戒律，學經要遵循次第，崇尚苦行，禁止娶妻等。又據土觀《宗教源流》記載，西藏佛教「後弘期」時期，盧梅臨赴藏時，拉欽貢巴繞塞曾把自己所戴的黃帽贈給他，說「汝戴此帽，可憶念我」。於是，後來持律的大師們均戴黃帽。當宗喀巴出世弘法時，西藏佛教各教派戒律鬆弛，逐漸失去民心，就依古代持律大德的密意，也用黃帽作為重振戒律的象徵，所以格魯派又被稱作黃帽派或黃教。

格魯派創始人宗喀巴（一三五七～一四一九年），生於青海湟中地方，由於藏語稱該地「宗喀」，故稱他為宗喀巴。

他的原名叫洛桑扎巴。三歲受近事戒，八歲受沙彌戒，拜當地著名活佛郭朱仁欽（一三〇六～？年）為師，以學顯密教法十年之久，十六歲赴藏，二十九歲受比丘戒。之後，廣拜名師，博學多聞，對於性相顯密諸部經典均能如實通達。不僅精通顯密教法和內明、因明，而且對聲明、醫明等也頗有研究。在此期間，宗喀巴住寺學經最久，對他影響最大的是薩迦派的著名僧人仁達瓦·宣奴羅追（佛學觀點上屬應成中觀派）。以後，遂開始著述。他在吸取了噶當派教義精神的基礎上，加上自己對顯密教義的獨特見解，形成了自己的思想體系，並寫出了闡明自己獨特見解的

▼ 夏魯寺神變門樓。夏魯寺建築風格藏漢合璧，圖中的神變門樓為其代表。

重要著作。宗喀巴的著作有一百餘種，其中最著名的有《菩提道次第廣論》和《密宗道次第廣論》，另外還有《密宗十四根本戒釋》、《事師五十頌釋》、《中論廣釋》、《辨了不了義論》、《五次第明燈》等。西元一四○九年（藏曆土牛年），他在闡化王帕主地方政權掌權人扎巴堅贊和內烏宗本南喀桑布的大力支持下，在拉薩大昭寺舉行了規模宏大的大祈願法會，從各地來拉薩參加法會的僧人有一萬多人。這是一次不分教派、不分地區的西藏佛教徒的大集會，聲勢之大前所未有。以後每年藏曆元月在拉薩舉行的傳召法會，便是從這時候開始的。同年，宗喀巴在拉薩東面的達孜縣境內建立了甘丹

寺，全名為甘丹南結林（具喜勝洲寺）。此後，宗喀巴師徒就住在該寺。傳召大會的創建和甘丹寺的建成，標誌著格魯派在西藏佛教各教派勢力集團中取得了統治地位。一四一九年（藏曆土豬年十月二十五日），宗喀巴圓寂於甘丹寺，其弟子及信徒們將遺體建靈塔供養在該寺。

宗喀巴死後，繼承甘丹寺法位者為賈曹傑・達瑪仁欽（賈曹傑盛寶，一三六四～一四三二年）。以後，弟子相傳，計有九十餘人。著名弟子絳央卻傑（vjam dbyangs chos rje，妙音法王，一三七九～一四四九年）於一四一六年（藏曆火猴年）在拉薩西郊建哲蚌寺，另一著名弟子大慈法王釋迦也失（一三五二～一四三五

年）於一四一九年（藏曆土豬年）在拉薩
北郊建色拉寺，相傳為宗喀巴的姪子或外
甥的根敦主（一三九一～一四七四年）又
於一四四七年（藏曆火兔年）在後藏日喀
則建成扎什倫布寺，加上甘丹寺，稱為格
魯派的四大寺。另外，他的弟子喜饒僧格
（慧獅子）創建下密院，貢噶頓珠（慶喜
義成）建立上密院。上、下密院又是格魯
派專門弘揚密宗的最重要的寺院。

　　宗喀巴所創立的格
魯派，勢力逐漸擴大，
並漸次由西藏傳到四
川、青海、甘肅、蒙古
等地，作為西藏的正統
教派，一直延續至今。

　　格魯派戒律嚴格，
不准僧人結婚，宗教首
領採取活佛轉世相承的
辦法，於是形成達賴、
班禪兩大活佛系統。

　　格魯派的教義，
認為釋迦如來的一代正
法不外教、證兩種，
而一切「教」的正法，
又攝在經、律、論三藏
之中；一切「證」的正
法，攝在戒、空、慧三
學之中。因此，提倡三
藏不可偏廢，必須全修
才能領會其義。當時西
藏一些佛教徒很不注意

全修，甚至譏誹三藏多聞者為分別師或戲
論者，以為學一門簡略的法門，便能得到
解脫。格魯派極力主張對經藏多聞深思，
在大小乘的三學上認真修習；對於律藏也
努力聞思，以成辦戒空二學；對於論藏的
聞思修習也不放鬆，在如實通達諸法性相
後，成辦慧學。並認為正法是否清淨，在
於能否實踐見、修、行三種離垢而定；能
否實踐見、修、行三種離垢，又依他們本

◀ 班禪四世靈塔。扎什倫布寺有四
　座佛殿引人注目。從左到右依次
　是：強巴佛殿、十世班禪靈塔殿、
　四世班禪靈塔殿、五世到九世班
　禪合葬靈塔殿。
▶ 清代鎏金五世達賴像。

身是否能夠隨順解脫為尺度。

　　宗喀巴對於在西藏佛教中流行的各種異說，也在他的主要著作中給予一一批判，提出了一整套佛教理論、修行及超脫法。格魯派兼具西藏各教派教義之長，另還具備五明（聲明、因明、醫方明、工巧明、內明）以及文法、歷算、世間藝術等。

　　在密宗的數量和灌頂，三昧耶戒、近修，以及曼荼羅的事業、次第等方面，宗喀巴都依據密經和印度大德的釋論，闡發入微，使後來修密者有所遵循。宗喀巴對於四部密宗（事部、行部、瑜伽部、無上瑜伽部），一切道次，以歷代相承的教授作為依據，加以匯通，認為顯密一切經論，都是修行證果的教授。對於瑪爾巴郭洛扎瓦等所傳集密；惹、卓、雄等所傳時輪、薩迦派所傳勝樂和喜金剛；瑪璣等所

傳大輪金剛手；惹、覺、當等所傳紅黑怖畏等四部曼荼羅灌頂；噶舉派的法義心要的樂空大手印、那若六法、尼古六法等密宗教法，在格魯派中無不兼具並包。

　　格魯派顯密教法的基本思想是「緣起性空」的見地。

▲ 哲蚌寺辯經場面，該僧正伸臂發言，態度自信溫和。

「緣起性空」是什麼意思？

格魯派「緣起性空」的見地是其顯密宗的基礎思想。宗喀巴認為，「緣起性空」乃是佛教教義的「心要」。

宗喀巴曾經寫過一部稱作《緣起贊》的書，集中論述了「緣起性空」的見解。書中說世上的一切煩惱都是從無明而生，「緣起性空」就是對付煩惱的根源即無明的方法。意思是說，證悟了「緣起性空」的道理，就可以從無明到明（智慧）。

所謂緣起，即「待緣而起」，就是說一切法的產生都是有原因的，「如果不是從緣而生，任何事物都是無有」。性空並不是說什麼都沒有，而是說一切都沒有自性，性空就是「自性空」。假如有一種法是不待緣而生的話，那它就是有自性了。因此說一切法無自性，就是說一切法都是從緣而生的，換句話說，即在最後的和絕對意義上說，一切事物都沒有實體可言，沒有自性可言，所以是空的，然而在相對意義上說，一切事物又都是因為緣起的關係而存在著，這是不容否認的。但是這種「有」，並不是「實有」，因為世間一切「實有」之物，都不過是暫時地維持著它們的功能、形狀，而又無時無刻不在變動著。所以格魯派遵循的《中觀論》認為，在終極和絕對的意義上，一切事物都是空的。所謂空，就是指一切事物必須是等待許多因緣齊備了才算有，凡是這些因緣沒有齊備或齊備後又分散了的，事物也就沒有了，所以一切事物的本身不能說成是實有。緣起之有和性空之空，二者非但不矛盾，反而是相輔相成的。

▼ 威德怖畏金剛神像。唐卡大量作品都是有關此內容。

藏傳佛教寺廟有哪些特點？

　　藏傳佛教主要受印度佛教和漢地佛教的影響，所以藏傳佛教文化也主要是藏、漢、印三種藝術流派的匯融。體現在寺廟建築上，就主要是大多採用漢地的宮殿形式而又有所發展。

　　一般說來，藏傳佛教寺廟的規模宏大，氣勢雄偉，雕樑畫棟，精巧異常。拉薩的布達拉宮以及甘丹寺、哲蚌寺、色拉寺和青海的塔爾寺等均為古代建築中的傑出代表。藏傳佛教的佛教造像藝術特別發達，各種雕像和塑像比例勻稱，造型生動，極為精美。扎什倫布寺的強巴佛銅像高二十六公尺多，造型生動莊嚴，工藝巧妙精湛，具有極高的藝術水準。

　　藏傳佛教寺廟的格局，一般由「扎倉」（經學院）、「拉康」（佛殿）、靈塔殿（保存活佛遺體的殿堂）、轉經廊、活佛公署、喇嘛住宅及喇嘛塔（安放喇嘛遺體）組成。其中。供僧侶唸經和供奉佛像的「扎倉」和「拉康」是藏區寺廟的主體，大多位於寺廟的中心；其他建築，特別是那數以百計、乃至千計的相對較低的喇嘛住宅圍繞在扎倉和拉康周圍，從而使整座寺院的立體感十分鮮明。這些由扎倉、拉康、靈殿塔等構成的建築群不像漢地寺廟那麼講究格局對稱，沒有明顯的主軸線，而是根據地形較自由地佈置寺院各類建築。另外，藏傳佛教的寺廟還特別注重渲染藏傳佛教的神秘色彩。一般寺廟內佛殿高而進深淺、大多掛滿彩色的幡帳，殿柱上飾以彩色氈毯、壁畫，光線幽暗，氣氛壓抑。在寺廟外觀上，則注重色彩對比，寺廟的牆壁刷紅色，紅牆面上用白色及棕色裝飾；經堂和塔則多刷白色，白牆面上用黑色窗框，色彩對比十分突出，往往給觀者以強烈的視覺感受。

◀ 拉薩甘丹寺遠眺。甘丹寺位於拉薩市區以東二十五公里處,為宗喀巴所建的格魯派第一座寺廟。

▲ 河北承德外八廟的普陀宗乘之廟,位於避暑山莊之北,佔地面積達二十二萬平方公尺,俗稱「小布達拉宮」。

布達拉宮是一幢什麼樣的建築？

　　布達拉宮位於西藏拉薩市中心的紅山上，相傳為觀音菩薩應化道場，布達拉因此得名。宮殿為木石結構，沿山修建，共十三層（內部實際九層），東西長約三百六十公尺，高達一百一十七公尺。外繞石頭和三合土砌築的宮牆，堅固壯觀。高聳的主體建築位於山頂，宮內有壁畫、雕塑、靈塔和貝葉經等。布達拉宮是一大藝術寶庫，為現存的佛教建築奇觀。

　　據記載，西元七世紀，唐文成公主與吐蕃松贊干布聯姻，松贊干布為公主營建宮室，即布達拉宮。據傳松贊王曾遣人往錫蘭請來蛇心旃檀十一面觀音像，又往印度和尼泊爾交界處請來訶利旃枟觀音像，此像現尚供養於宮中。

　　在西藏歷史上，五世達賴羅桑嘉措，是一個實現黃教寺院集團統馭西藏政教大權的關鍵人物。一六四五年，五世達賴下令擴建布達拉宮，歷時八年，建成白宮部分。清順治九年（一六五二年），親赴北京晉見清帝。翌年，清順治帝冊封他為「西天大善自在佛所領天下釋教普通瓦赤喇怛喇達賴喇嘛」，確認他對蒙藏地區佛教的統治權。五世達賴返藏後，即從哲蚌寺遷居布達拉宮，大興土木，廣事經營，集中全藏人力、物力，修造紅宮，到一六九三年完工。布達拉工程歷時半個世紀，始具現在的規模。自此，歷代達賴均駐紮於宮中，集西藏政教大權於一身。

　　白宮是達賴喇嘛生活起居的宮殿，包括寢宮、會客室、餐廳、辦公室、倉庫和經堂。其中，德陽廈北牆繪有文成公主進藏及抵達拉薩受到隆重歡迎的故事，東牆繪有松贊干布入唐請婚及公主進藏圖。北佛殿有五世達賴喇嘛坐像和讀經室。東佛殿供有格魯派創始人宗喀巴坐像，繪

◀ 布達拉宮達賴寢宮誦經處。
▶ 布達拉宮皇帝長生牌位，牌位上方是一幅繪有乾隆皇帝身披袈裟、手持金剛杵的唐卡。

有金城公主進藏故事。

　　紅宮在布達拉宮中央，供奉歷代達賴喇嘛靈塔，其中以五世達賴喇嘛靈塔最大，高十四公尺，用三千多公斤黃金和無數珍珠寶石鑲嵌，為稀世珍寶。西佛殿中有五世達賴喇嘛進京朝見順治帝壁畫。

拉薩市區全景

桑耶寺是一座什麼樣的寺院？

桑耶寺位於西藏山南札囊縣雅魯藏布江北岸，臨近吐蕃贊普發祥地——冬宮所在地扎瑪宮。主殿為金頂三層樓閣，象徵須彌山，內部結構自下而上分別具有藏、漢和印度三種建築風格，故有「三樣寺」之稱，反映了當時吐蕃三種文化並存、融合的歷史事實。

西元八世紀後半期，藏王赤松德贊在位時，是西藏佛教史上佛教戰勝藏地原始苯教並在吐蕃得勢的重要時期。赤松德贊從印度迎請顯教中觀派大師寂護（靜命）和密教大師蓮花生，到吐蕃弘傳佛教。他們來到吐蕃後的第一件事，就是興建西藏佛教史上第一個剃度僧人出家的寺院—桑耶寺。相傳桑耶寺由蓮花生選定地點，寂護仿照印度飛行寺規劃圖樣，赤松德贊親自主持奠基修建。工程歷時十二年。

桑耶寺建有四殿，代表四大部洲（東勝身、西牛貨、南贍部、北俱盧），還有代表八小洲和日、月的小殿。外有垣牆

環繞，象徵鐵圍山。四角建四舍利塔，四門立四碑。藏王三妃，各添建一殿。這種建築佈局（中分須彌峰、十二洲、日月二輪），是按照佛教對世界結構的想像來規制的，在西藏佛寺建築中別具一格。

桑耶寺建成後，由寂護、蓮花生主持「開光」（寺院落成典禮），君民舉行慶祝法會。又迎請印度說一切有部的十二位持律僧人，由寂護擔任親教師，剃度七名西藏貴族青年出家，史稱「七覺士」。此後，又陸續有官民子弟三百餘人出家受戒，學習梵文，翻譯佛典。這樣，開始了西藏人出家受戒，建立僧伽制度，廣譯經

論，講學修行的新階段，初步建立
了西藏佛教的規模。

桑耶寺是西藏最早傳播密法
的寺院。寧瑪派興起後，該寺屬寧
瑪派。後一度屬薩迦派掌管。寺內
塑像、壁畫和唐卡很多。其中有一
些有關西藏歷史、佛教等內容的壁
畫，如蓮花生、赤松德贊像，松贊
干布修建布達拉宮、大昭寺、昌殊
寺，七覺士出家，建桑耶寺，漢地
和尚與蓮花生辯法，以及寧瑪、薩
迦派祖師像等等，都具有很高的史
料與藝術價值。

◀ 桑耶寺壁畫長廊。桑耶寺位於山南扎囊縣境內，
　是藏傳佛教史上第一座佛法僧俱全的寺廟。
▲ 桑耶寺蓮花生大師降魔壁畫。桑耶寺的修建在蓮
　花生大師的主持下進行，寺址由蓮花生大師親自
　選定。
▶ 桑耶寺蓮花生大師降魔壁畫局部。

拉薩三大寺是哪三座？

　　格魯派創立後，先後在拉薩興建了甘丹、哲蚌、色拉三寺，這三座寺被稱為拉薩三大寺。拉薩三大寺充分表現了藏傳佛寺的特點：遠望樓閣重疊成群，而寺內除殿堂、僧捨、佛塔外，還有住宅和街巷，儼如城鎮。

　　西元十四世紀末，宗喀巴（一三五七～一四一九年）創立藏傳佛教格魯派。明永樂七年（一四〇九年），宗喀巴在拉薩大昭寺發起大祈願法會，被公認為西藏佛教界領袖，格魯派成為西藏佛教第一大教派。因該派僧人戴黃色僧帽，俗稱黃教。黃教創立後先後興建的甘丹、哲蚌、色拉三寺，被稱為拉薩三大寺。

　　甘丹寺是明永樂七年（一四〇九年）由宗喀巴創建的黃教第一座寺院，過去規定僧人定額為三千三百人，寺內有二座札倉和宗喀巴靈塔。哲蚌寺為永樂十四年（一四一六年）由宗喀巴弟子絳央卻傑主持興建，最盛期寺僧定額為七千七百人，是黃教最大寺院。該寺是歷代達賴喇嘛的母寺，在黃教寺院中地位最高。全寺院落層層密佈，內部組織極嚴密，最高一級是錯欽，由各級堪布（住持）組成，為寺院的最高管理委員會。中間一級是札倉，相當於分院，各有大殿、經堂和僧眾。最下一級是康村，是按僧人鄉籍組成的札倉的基層組織。色拉寺是明永樂十六年

（一四一八年）由宗喀巴弟子絳欽卻傑
主持興建，僧人定額為五千五百人，為
黃教第二大寺。明宣德九年（一四三四
年），色拉寺落成後，絳欽卻傑應召赴
北京，受到明朝廷隆重接待，封為大慈
法王，欽賜金泥書寫《大般若經》、白
松香木十六尊者像等貴重禮物。該寺在
漢藏關係史上佔有重要地位，曾最早與
明朝建立關係，最早傳播黃教於漢地。
現存佛經、壁畫、塑像、唐卡等，多為
珍貴文物。東殿曾為達賴喇嘛駐錫地和
西藏地方嘎廈政府議事處。

◀ 大昭寺金頂，大昭寺始建於唐貞觀二十一年（六四七
　 年），位於拉薩市中心。大昭寺主殿高四層，鎦金銅
　 瓦頂，輝煌壯觀，具有唐代建築風格，也吸取借鏡印
　 度和尼泊爾的建築藝術特色。
▶ 藏傳佛教法器銀供碗。
▼ 色拉寺坐落在拉薩北郊山下，是藏傳佛教格魯派三大
　 寺之一。

甘肅、青海、內蒙古等地的藏傳佛教寺院有什麼特點？

　　明清時期，藏族、蒙古族聚居的甘肅、青海和蒙古等地區，修建數量眾多的藏傳佛教寺廟。這些佛寺既有藏式建築共同的特點，又因地區和民族的不同而顯示其差異。

　　青海湟中縣塔爾寺，是甘肅、青海一帶最大的格魯派寺院。湟中縣為宗喀巴出生地，

　　明嘉靖四十九年（一五六〇年），為紀念他建一小寺，後又逐步擴建，發展成今日規模。全寺建築融藏漢兩族風格，以紀念宗喀巴的菩提塔和菩提塔殿（大金瓦殿）為中心，組成包括大經堂、彌勒佛殿、小昭殿、依怙殿、遍智文殊殿、護法神殿等的龐大建築群，八座菩提塔為藏式塔的典型。寺內有大威德金剛、勝樂金剛等藏密雙身佛，尊勝佛母、大白傘蓋佛母等佛母以及五大護法明王等塑像。寺內還以酥油花、壁畫和堆繡藝術品，稱為「三絕」。

　　甘肅夏河縣拉卜楞寺，始建於清康熙四十八年（一七〇九年），亦為藏漢合璧建築。全寺包括經堂、佛殿、札倉等建築，其他建築如活佛府第、辦公室、印經院和僧捨等，都圍繞中心建築而佈置。其中，聞思學院是一座典型的札倉建築，由庭院、前廊、經堂和佛殿組成。寺中六座札倉，是甘南藏族地區的佛教最高學院。

　　蒙古族寺院則具有更多的漢族因素，除經堂保持藏式建築較多特點外，其他建築都與漢族建築相近。內蒙古呼和浩特市席力圖召，就是這類建築中典型的代表。

主體建築仿漢地佛寺的制度，按中軸線排
列，僅在中軸線後部佈置藏式大經堂。大
經堂重建於清康熙三十五年（一六九六
年），建於高台上，前有月台，亦為漢族
建築的特點。

◀ 扎什倫布寺全景。扎什倫布寺位於日喀則市尼色日山南
側，藏語意為「吉祥須彌山」，是西藏佛教格魯派在後藏
地區的最大寺廟，也是格魯派寺廟之一。

▲ 青海拉卜楞寺彌勒殿供奉的鎦金彌勒佛。此像高七公尺
多，兩側列有高五公尺多的八大菩薩。

西藏佛寺壁畫有哪些主要流派？

在歷史悠久、遺存豐富的藏傳佛教藝術中，具有較高成就的是它的壁畫藝術。西藏的繪畫，主要有三大流派，即「康赤」、「藏赤」和「衛赤」（赤為寫畫之意），分別代表山南、後藏和前藏地區的繪畫流派。

西藏山南一帶的壁畫，色相複雜，畫法細緻。後藏一帶，色澤鮮艷，突出黃色。前藏（拉薩）一帶，著色淡雅高貴。此外，還有三種外來的繪畫：漢畫，似唐宋青綠山水，強調線描，多勾勒、白描與平塗技法。印度畫，似阿旃陀石窟壁畫，菩薩高鼻細腰，姿態婀娜，色澤渾厚，多工筆。尼泊爾畫，人物造型富於舞蹈姿態，用色較單純，以黑、紅為主調。西藏壁畫藝術的構圖、設色、勾線等方面，是在藏畫原有傳統的基礎上，吸收借鏡中國

和印度、尼泊爾的繪畫技法，結合本地粗獷多變的高原情貌，創造出富於裝飾效果、色澤鮮麗的藏族繪畫風格，在人物刻劃、置物配置、色彩像類和技法駕馭上，都達到了相當高的水準。

此外，在西藏佛教發展史上，先後出現過寧瑪、噶當、薩迦、噶舉以及後來興起的格魯等不同時期的宗派。各宗派、各地區的壁畫藝術也不盡相同。例如，薩迦派俗稱「花教」，因其寺院圍牆多塗紅、白、藍三色條紋，這三種色彩成為該派繪畫特點。現存的薩迦南寺、夏魯寺等處壁畫藝術，就具有薩迦藝術風格。元代，忽必烈帝師八思巴曾請尼泊爾工匠阿尼哥來西藏建塔造像，其造像被稱作「梵像」。薩迦派壁畫所具有的後期印度密教作風，很可能與阿尼哥有關。又如，在阿里地區建立的古格王朝佛寺壁畫，因古格王國僧人到迦濕彌羅（今克什米爾）學法，迎請孟加拉僧人阿底峽到古格傳教，就不可避免地受到這些地區佛教藝術的影響。至於布達拉宮、札什倫布寺和拉薩三大寺的壁畫，多為黃教興起後繪製，具有畫風嚴謹、技法規範和注重描述歷史傳統題材等特點，又以描繪藏密題材而引人注目。

▲ 反映札什倫布寺周圍景觀的壁畫，構圖佈局有中國傳統山水畫的影子。

▶ 札什倫布寺壁畫，該圖結構複雜，筆法細膩，為西藏壁畫的上乘之作。

什麼是「六字眞言」？

「六字真言」即觀音六字大明神咒。以音節組成，即嗡嘛呢叭咪吽，讀音是「om ma ni pad mi hun」。

這六個音節分別代表五部心義，嗡字代表佛部心、嘛呢代表寶部心、叭咪代表蓮花部心、吽字代表金剛部心，合四部心而成清淨不染如蓮花之事業，即羯磨部心，因此說此一真言總括五部心義。藏傳佛教徒認為常念此六字真言，能證本有之菩提心而悟體淨，除煩惱而知相空，斷除一切垢染，具足一切功德，能離習欲、壞煩惱、除我執、悟真如、生歡喜、證淨果。因此，藏傳佛教徒認為它是藏密無上的「真寶言」，常念它可以免入地獄，死後升入「極樂世界」。在西藏到處都可見到六字真言的字跡，山巖上銘刻著六字真言，路旁的摩尼堆的石頭上刻的也是六字真言；屋頂上的摩尼旗上寫的是六字真言，門道內兩排摩尼輪上刻的也是六字真言；小到信徒們手拿的轉經筒上刻的是六字真言，大到一間房子大小的轉經輪上刻的也是六字真言。總之，信徒們認為念誦六字真言的遍數越多，來世就能得到更好的結果。西藏佛教未出家的一般信徒成年累月的主要宗教活動就是供佛和念誦六字真言。

▼ 藏族手工匠人製作瑪尼堆的六字真言石刻。

「擦擦」

藏傳佛教模製的泥質小佛像、塔，藏語讀做擦擦。無論是用單面模具印製的浮雕，還是用雙面模具脫範而出的圓雕佛像、塔，均稱為擦擦。藏族僧俗製作擦擦的目的是為了積攢善業功德，製成的擦擦多用來為大佛塔和大佛像裝藏，也多作為消災祈福的聖物，供奉於雪山、神湖、山巔、洞窟等清靜之處，以求福蔭。

▲ 六字真言石刻。藏人認為勤於唸經是修行悟道的最重要條件，所以在很多場合都會碰到口中唸唸有詞的藏人。他們所念的經的種類很多，但念得最多的是六字真言。
▶ 宋代泥佛。

藏傳佛教的主要典籍是哪些？

西藏佛教典籍種類繁多，均彙集於《藏文大藏經》，其中屬於密經部者列於《甘珠爾》部的第七類中，名為「居」（藏語音譯，譯作續部、「秘密部」或密宗），其中又分新譯和舊譯兩大類。

宗四都、四部通釋、顯密共典、初學雜類、增訂五部分，每部分均有相應的密法儀軌的典籍。此外，西藏佛教尚有一部密法總集，名為《大乘要道密集》（較晚編成）。《密集》卷數說法不一，但就其內容和目錄看，大體可分三大類：第一類為解釋薩迦派密法「道果」語錄之作，共七部；第二類為密咒曼荼羅儀軌及禱祝等，彙集在《咒軌雜集》之中；第三類為噶舉派密法「大手印」，要目分三部。該書還包括各種密法修空的要門。

《甘珠爾》、《丹珠爾》和《大乘要道密集》基本上包括了藏密經論和修行儀軌的全部內容。除外，宗喀巴又著有《密宗道次第廣論》、《密宗十四根本戒釋》等。其弟子克主傑・格雷貝桑也著有《密宗道次第論》（原名為《續部總建立廣釋》）。

《丹珠爾》中的「居」類的新譯分作密（《建立三昧耶咒經》等）、修密（《大日經》等）、瑜伽密（方便瑜伽《攝真實咒經》等和智慧瑜伽《最勝吉祥大乘證悟咒經》等）、無上瑜伽密（無二瑜伽《真實名經》、《時輪經》等，智慧瑜伽母《佛等行經》、《喜金剛經》等和方便瑜伽父《密集咒經》等）；舊譯為《諸作土咒經》和《金剛莊嚴王咒經》等。

「居」類中的著作主要是論述和釋密宗經典儀軌（即密宗念誦修習法）分為密

▲ 拉卜楞寺藏經樓不僅藏有經書，同時還收藏了藏民族數千年來的各類圖書約六萬餘冊。

藏傳佛教密宗的義理是什麼？

關於密宗義理，西藏佛教各派密法各有側重，寧瑪派以大圓滿法為主；噶當派以阿底峽的《燈論》為宗旨，講「三士道」修法，倡顯密圓融；薩迦派以「道果法」為主；噶舉派以大手印為主；格魯派的密法和噶當派大體相同。

另外，各派密法修習者修哪一部密法、本尊，又有自己的抉擇，種類繁多。但各派密法大體均屬於印度密教金剛乘和時輪教的範圍之內。各派密宗教義也以《大毗盧遮那成佛神變加持經》即《大日經》、《金剛頂經》和《時輪金附根本經》為主要依據。

密宗自稱受法身佛大日如來深秘密教旨傳授，為真實言教。其實，密宗教義的產生、形成均有其社會歷史根源。

密宗義理主要者可概括為「三密為用」、「四曼為相」、「五佛五智」、「六大為體」及「因、根、究竟」等。

▼ 西藏昌珠寺松贊干布和文成公主像。

藏密義理「三密爲用」和「四曼爲相」是什麼意思？

　　「三密為用」是密宗的修習或實證法，意思是依照本尊「三密」的方式，堅持去淨自己的「三業」（身業、口業、意業），則可「佛身圓滿」，而達「即身成佛」。「四曼」就是四種曼荼羅，修行要通過四種曼荼羅的形式和念誦真言來進行，故稱「四曼為相」。

　　依密宗的說法，密宗行者，通過「三密」（身密、口密、意密）感應，即手結印契（定的手勢和坐法）、口誦本尊真言（咒語）、心觀想本尊，就能使自己「三業」清淨，也就是要求修行者，不僅自身不作惡業，還必須表示本尊福德莊嚴之相於自身；不僅自己口中不出粗言穢語，還須口誦本尊真言；不僅自己不懷邪惡想，還須觀想本尊的本誓念願。

　　曼荼羅是梵文音，意為「壇」、「壇場」或「中圍」，藏語稱「吉廓」。曼荼羅具有圓輪之義，發生之義和聚集之義。圓輪者，圓具眾德；發生者，發生諸佛；聚集者，聚集十方三世諸聖於一處（神林隆淨：《密宗要旨》）。在印度，曼荼羅最初是指方壇或圓壇。「壇者積土於上，

平治其面，而以牛糞塗其表，使之印鞏
固。於此壇上以管宗教之神聖行事，尤其
為阿闍梨授戒於弟子時，或國王即位時，
於此上行之，當為此神聖之行事時，例須
迎請十方三世諸聖而為證明者。於是繪畫
十方三世諸神之聖像，或以其所持之物，
表示尊嚴又或以諸佛諸尊之種子，而表示
其尊崇。」（同前引書）後來在此基礎
上，逐漸發展成為多種
形式和類別的曼荼羅。
曼荼羅可分為四大類：
大曼荼羅，也稱繪畫曼
荼羅，指繪佛、菩薩的
形象，用青、黃、赤、
白、黑五色表示「五
大」（地、水、火、
風、空），表示聚集之
義；三昧曼荼羅，描繪
象徵佛、菩薩的器杖和
印契，如所持寶珠、刀
劍、輪、及手式等；法
曼荼羅，也稱種子曼荼
羅，以種子表示諸尊，
以本尊名稱之梵文首字
代表本尊；羯磨曼荼
羅，即法曼荼羅，以雕
塑、鑄等立體造像表示
諸尊集會，形象更加具
體直觀。按照密宗典籍
的解釋，曼荼羅是大日
如來加持三昧（即教

化眾生之意）之相，修法者在「瑜伽（相
應）妙行」中禮讚曼荼羅，即可接受如來
「神力加持」，「拂除煩惱罪障之云」。
由此可見，曼荼羅即是密宗修行者在其精
神世界裡溝通「神靈」的一種形式，實即
修行之道場。

◀ 救八難觀音鎏金銅像。這八位
觀音分別是除水難觀世音、除
火難觀世音、除象難觀世音、
除蛇難觀世音、除獸難觀世
音、除盜難觀世音、除獄難觀
世音和除怨報觀世音。
▶ 清代尊勝佛母像。

藏密義理「五佛五智」和「六大爲體」是什麼意思？

「五佛五智」出自金剛乘教義，主要是講密宗行者要達到「即身成佛」的境界，還必須具有五禪那佛的五種智慧。「六大為體」是密宗對宇宙本源的解釋。

密宗行者僅靠唸咒，建曼荼羅無法達到「即身成佛」的境界，還必須具有五禪那佛（大日、阿、寶生、彌陀、不空成就）的五種智慧（法界體性智、大圓滿智、平等性智、妙觀察智、成就所智）。如果有了這五種智慧，雖食肉、飲酒、作男女事也能達到「菩提」（覺或智）。但這種「智慧」必須由師父直接傳授指導才能得到。所以西藏佛教講「四皈依」，還要皈依喇嘛。所謂「無喇嘛上人，如何得近佛？」就出自此因。「五智」這種概念在金剛乘教義中成了密宗行者成佛的精神要素，並認為具有種種「靈妙」、「神變」之作用。因此，在無上瑜伽密中，以所謂女性之「明妃」來表徵「智慧」，所謂「密灌頂」、「慧灌頂」之類的儀式，都是依此義理而衍生的。「密灌頂」和「慧灌頂」是雙身修法必經之灌頂儀式。

任何宗教都有一種對宇宙本源的認識和解釋。在藏密典籍中，「法界緣起」、「種子相續」等學說，就是講「六大為體」的本體論的。密宗認為「六大」（即地、水、火，風、空、識）是大日如來的法身，是構成世界萬物的本體，是構成一切物質現象的根源及生存條件。「六大」為宇宙萬有，因而皆具眾生心中，而這一點佛與眾生體性是相同的。但又認為對宇宙萬物的本性的認識，是「諸佛菩薩」之外一切「凡人」（眾生）所不能感受和認識到的，「非依如來加持感應之力不能識得」。因此，眾生需修「三密」，以求清淨。

◀ 明代香巴拉法王像。
▶ 紅棒二臂大黑天唐卡。

藏密義理「因、根、究竟」如何解釋？

「因、根、究竟」實際上是三句話，出自《大日經》住心品。原話是「菩提心為因，大悲為根本，方便為究竟」。

這三句話的意思是說，欲入密乘道者必須先發「淨菩提心」（自性清淨心）。《大日經疏》中說：「此心如幢旗、是修行導首，猶如種子是萬德本」。既然是「種子」，所以也就是「成佛」的「因」。密典中講，若沒有此種「淨菩提心」就沒有資格修學密法。其次，還必須具有「救度眾生」的「大慈悲心」，因「大悲心」能夠扶助各種「功德」，使其滋長，如同樹根和枝葉花果的關係。所以

說「大悲為根本，方便為究竟」則是密宗所獨有的。這句話可以說給密宗行者開了一切方便之門。「究竟」可當「徹底」、「極盡」講。「方便」與「善巧」同義。因此，這句話可以理解為為了達到「成佛」的目的，怎麼有利就怎麼做。殺、盜、淫等本來是大小乘佛教的根本戒律，但在密宗中以所謂「有餘方便」（可以理解為「在特殊情況下」）為借口可以不接受這些戒律的束縛。菩薩應持不殺戒，但在特殊情況下「為解脫彼惡業報故」，使被殺者早日結束前世所作「惡業」的「報應」可以殺死他；菩薩持不偷盜戒，但在特殊情況下，若咒「眾生性吝積聚」財物，「不修施福」（不給寺廟僧人放佈施而修福），可以去偷取甚至去搶劫其財物，「幫助」他放佈施；菩薩應持不邪淫戒，但在特殊的情況下，為了度己、度人，可以利用女性去修法道場，這是為了「攝護眾生」（參見《大日經》卷六，《受方便學處品》第十八，《大正藏》卷十八，第三九頁）。

◀ 清代唐卡菩提塔。
▶ 塔爾寺獅子吼像。

「樂空雙運」是什麼意思？

　　「樂空雙運」即雙身修法的教義。「樂空雙運」是密宗無上瑜伽密的特別修習法。它的理論根據是《大日經》和《金剛頂經》。

　　佛教顯宗本以淫慾為障道法，嚴格加以禁止，講「淨」，排斥「染」，而密宗最上乘無上瑜伽密則以此為修道法，給「染」以調伏的觀念。密宗講：「奇哉自性淨，隨染慾自然，離慾清淨故，以染而調伏」（《金剛頂經》）。這句話在金剛乘密教中很重要，它給性力以神秘色彩「調伏」的概念，使其成為達到「自性淨」的一種手段。如佛教有「慾鉤」之語，意即菩薩以愛慾牽人遂濟度之。經云：「先以欲鉤牽，後令入佛智」（《維摩經》）。所以，密宗無上乘是「以欲制欲」的修道法。因此，女性在密宗金剛乘中是作為供養物而出現的。在密典中說到大日如來各種供養三昧時，說「均有大天女從自心出」（《金剛頂瑜伽中略出念誦經》卷二）。《大藏經》中所謂「愛供養」也就是「奉獻女性」之意，《大日經》直言不諱地宣稱：「隨諸眾生種種性慾，令得歡喜」。所謂以淫慾為除障修道之法，實際上是密宗行者思維中的「欲界天人生活」的秘密化。密宗的大日如來既現天人相（在家相），因此受大日如來之教令現憤怒身，以降伏「惡魔」的諸尊明王也就依理而現在家相。天人天後、天女陪伴，明王也就相應由明妃（佛母、空行母）陪伴。據密宗解釋，「明是大慧光明義」，「妃是三昧義，所謂大悲藏三昧也」（《大日經疏》卷九）。從而也就構成了密宗無上乘的一套理論和修習法。密宗講「以方便（悲）為父，以般若（慧）為母」，並以明王、明妃擁抱相交作為「悲智和合」的表徵。密宗行者依所謂

欲界天人欲事而行，照「欲天五淫」之樣板如法炮製出密宗雙身修法之四部（事部、行部、瑜伽部、無上瑜伽部）。密宗各部部主均有稱作「部母」、「明妃」的「女尊」為配偶。如「佛部無能勝菩薩以為明妃，蓮花部多羅菩薩以為明妃，金剛部金剛孫那利菩薩以為明妃」（《陀羅尼門諸部要目》）。密宗行者遂以金剛上師為父，以上師修法之女性伴偶為佛母，而以「男女雙身大樂」為修法成道「獲得悉地」之手段。因此，這種雙身修法又被稱作「女道」。隨著雙身修法的出現，再加這種修法又是由師徒秘密單傳，不能公開宣講；因此，又創造出一系列象徵性的秘密術語。

　　任何一種宗教現象都有它產生的思想根源和社會根源。密宗金剛乘源自印度，它的雙身修法和「大樂」思想，來自印度教的性力派。性力派是印度教濕婆派的分支。該派認為破壞與溫和都是女神的屬性。宇宙萬物均由女神性力而生。因此，把性慾的放蕩視為對女神的大敬，以性行為為侍奉、崇拜女神的儀式之一。這種宗教原本被佛教視為邪門外道，但後期密宗則吸收了這些內容，再配以佛教義理而形成無上瑜伽密的所謂「樂空雙運」的雙身修法。性力派女神崇拜的經典稱作「怛特羅」，該派認為是濕婆和其妻的「對話」（形成於西元七世紀），所以密宗經典也以「怛特羅」為名。

▶ 山南昌珠寺珍珠唐卡。

藏密爲什麼有憤怒、恐怖的神？

密宗除宣揚「愛神」外，還宣揚「忿怒金剛」、「怖畏金剛」。這種概念同前此講到的「五佛五智」有關。密宗中「忿怒」、「怖畏」的神由此而來。

「五佛」各有兩種變化身，一為「正法輪身」，現「真實身」，一為「教令輪身」，現「忿怒身」，來示「由起大悲現威猛」之意。「五佛」之忿怒尊名為「不動尊毗盧遮那忿怒」、「降三世尊阿閦佛忿怒」、「軍荼利寶生佛忿怒」、「六足尊無量壽佛忿怒」、「金剛藥叉不空成就佛忿怒」。如格魯派主修的「大威德怖畏金剛」就是無量壽佛忿怒尊（又名降焰魔尊、閻曼德迦忿怒王等）。密宗講該尊

是阿彌陀佛的教令輪身，其正法輪身（自性輪身）為文殊師利菩薩。密宗宣揚它的作用是降伏焰魔，其形象十分恐怖。按其義理講是，為「教令法界」，「以智慧力摧破煩惱業障」，使眾生從「無明」中解脫出來，因此，泛稱「忿怒明王」。「忿怒」，「怖畏」又有降伏惡魔之義。佛教把它們認為是影響修道的精神和物質的諸種因素都視為「魔」，在小乘和大乘顯宗中多採取種種辦法加以扼止、抵制，或以自身的力量加以克制，而在密宗中則採取借助所謂神佛的「威猛力」加以「摧破」、「降伏」。「忿怒」、「怖畏」的概念正是起這種作用。因此，密宗解釋「大威德怖畏金剛」是「有伏惡之勢謂之大威，有護善之功謂之大德」（《大威德怖畏金剛儀軌》）。與此相應密宗中也出現了「降伏法」、「降伏坐」、「降伏印」（手印）等一系列具有「降伏」概念的修法、儀軌、術語和印相等。這種概念同樣也是雙身修法的理論基礎。大乘顯宗講「慾火入心，猶如鬼著」，密宗則把「欲」作為橋樑、手段，認為：「斯乃非欲之欲，以欲止欲。如以屑出屑，將聲

止聲」（《金光明文句二》）。可見其以
欲行「降伏」性慾之概念。這種概念推衍
到與它認為的「外道」（其它宗教）的衝
突中，又具有「鎮伏教敵」的意思。若推
衍到世俗社會，特別是在政教合一的情況

下，這種「忿怒、怖畏、摧破、降伏」的
概念，必然起到維護政教二法，鎮攝民眾
的社會作用。

◀ 清代降閻魔尊像。
▲ 馬頭金剛護法唐卡。

什麼是歡喜佛？

歡喜佛是藏傳佛教密宗供奉的一種佛像，原為印度古代傳說中的神，即歡喜王，後來形成歡喜佛。歡喜佛梵名為「俄那缽底」（意為「歡喜」），漢語意為「無礙」。

關於歡喜佛的來歷，經典上也有記述，形成一種傳說。《四部毗那夜迦法》中說：「觀世音菩薩大悲熏心，以慈善根力化為毗那夜迦身，往歡喜王所，於時彼王見此婦女，欲心熾盛，欲觸彼那夜迦女，而抱其身，於是，障女形不肯受之，

彼那王即憂作敬，於是彼女言，我雖似障女，自昔以來，能憂佛教，得袈裟，汝若實欲觸我身者，可隨我教，即如我至盡未來世，能為護法不？可從我護諸行人，莫作障礙不？又依我已後莫作毒心不耶？汝受如如敬者，為我親友。時毗那夜（即歡喜王）言，我依緣今值汝等，從今已後，隨汝等語，守護法。於是毗那夜迦女含笑，而相抱時彼作歡喜言，善哉，善哉，我等今者依汝敕語，至於未來護持佛法，不作障礙而已。乃可知女，觀自在菩薩也。是則如經所說，應以婦女身得度者，即現婦女身而為說法」。這就是佛教密宗對歡喜佛來歷的附會之說。歡喜佛有兩類：一是單體的，一是雙體的。西藏黃教特別尊崇的大威德金剛就是單體的。勝樂金剛就是雙體的，密宗稱雙尊像。呈擁抱交媾狀。所得歡喜佛「歡喜」二字並非指男女淫樂而言，而是指佛用大無畏大憤怒的氣概、凶猛的力量和摧破的手段，戰勝「魔障」而從內心發出的喜悅的意思。

◀ 清代銅鎏金喜金剛像。
▶ 歡喜佛。

藏傳佛教的神主要有哪些，其特點如？

藏密的神主要有大日如來、金剛持、大威德怖畏金剛、勝樂金剛、密集金剛、時輪金剛、歡喜金剛、馬頭金剛、大黑天、吉祥天母、金剛亥母、墓葬主等。

藏密的神主要有：（一）大日如來。它是藏密崇奉的最高最主要的本尊，梵名謂之摩訶毗盧遮那。「摩訶」意為大，「毗盧遮那」為日之別名，故譯為大日。又毗盧遮那為光明遍照之義，故又稱遍照如來。藏密視大日如來為理智不二之法身佛，是尊奉的主要對象。其像在密宗殿居最中央位置。其形象類似於釋迦牟尼的坐像。

（二）金剛持。梵文為Vajradhara，音譯為「伐析羅陀羅」，「伐析羅」即金剛杵，「陀羅」是持、執義，故亦譯為「持金剛」，「執金剛」。密宗菩薩名。《元史》據藏文音譯為「朵兒只唱」。

身呈青金色，右手持金剛杵，左手執金剛鈴，表示金剛部菩薩摧毀魔敵之堅毅智力；金剛杵也表示如來金剛智印。藏密謂釋迦牟尼講說密法時所現身相，故為密宗的秘密主。

（三）大威德怖畏金剛。藏傳佛教密宗菩薩名。密宗教法講：「有伏惡之勢，謂之大威；有護善之功，謂之大德。」大威德怖畏金剛即藏密五大明王或金剛中之大威德明王。形象為三面六臂六足，乘大白牛。梵名作閻曼德迦，別稱降閻魔尊、六足尊、六臂金剛等。藏密認為此尊系無量壽佛的忿怒身，以其可怖可畏的相貌去教令法界降伏妖魔。文殊菩薩化身之大威德怖畏金剛，為藏密無上瑜伽寶生部三本尊。其像為九頭，正面為牛頭，三十四臂、十六足、裸體、擁抱明妃羅浪雜娃，身色藍或黃，頭上有熾熱火焰，頭頂無量壽佛，足踏臥鹿等，手執盛血之頭蓋骨碗（藏語戛巴拉），有的像下踏一牛，牛下臥一男人體。為西藏佛教格魯派密宗所修本尊之一，被視為該派護法神。

（四）勝樂金剛。又作上樂金剛，藏名德巧，為藏密本尊之一。拉薩藏密修習機構舉麥巴扎倉（下密院）極重視此本尊之法的修習，為修無上瑜伽密之本尊。其像有四面臉，分為白、黃、紅、藍各色，每臉有三目。有十二臂，主臂擁抱明妃金剛亥母，裸體，兩腿，右腳踏一伏首趴身的恐怖男者，左腳踏一仰面躺身的女者。藏傳佛教噶舉派多修此本尊之法。

（五）密集金剛。亦稱「集密金剛」，藏傳佛教密宗本尊之一。藏名為「桑堆」。其像三面，每面有三目，六臂，擁抱的明妃也是六臂，身深藍，呈坐式。

（六）時輪金剛。藏密本尊之一，藏名「堆柯」。系時輪金剛密法之本尊。藏密認為，時輪金剛密法源於古印度北方的「香巴拉國」（謂該地如同極樂世界），大約於西元十二世紀傳入西藏。時輪金剛密法確認一切眾生都在過去、現在、未來「三時」的「迷界」之中。並以時輪表示「三時」。宣揚釋迦牟尼之上還有一個「本初佛」，此佛為一切事物的根本源泉。還提倡修習此法應控制體內的「有生命的風」，以保長壽，並通過所謂「五智」和「禪那」合一相應法，去追求「即身成佛」。其形像有多種，均為雙尊像，有單頭的、五頭的、雙臂的、多臂的，腳下踏人，表降伏意。

（七）歡喜金剛。藏名「傑巴多吉」，又稱飲血金剛。雙尊置蓮花座上。明王八面十六臂，主臂擁抱明妃「金剛無我佛母」，其皆手托頭器，內盛神物，右手托物為白象、青鹿、青驢、紅牛、灰駝、紅人、青獅、赤貓。左手托物為黃天地、白水神、紅火神、青風神、白日天、青獄帝、黃施財。胯下掛骷髏，足踏二仰臥人，表示明王盛猛。明妃一面二臂，右手執曲刀，左手托頭器，頭戴五骷髏冠，項掛五十骷髏練圈，象徵梵文的五十個字母。

（八）馬頭金剛。又稱作馬頭明王、馬頭觀音、馬頭觀音自在，藏名為「丹真」，為藏密胎藏界觀音院之本尊，系六觀音之一，畜生道之教主。藏密認為是無

◀ 清代金剛薩埵像。
▶ （上）清代金剛手菩薩唐卡。
▶ （下）清代大威德金剛唐卡。

量壽佛的忿怒身，以馬頭為頭飾，表示有大忿怒和威猛摧伏之勢。如寶馬馳騁四方和涉生死海，摧伏一切邪魔，食一切無明重障。其身赤肉色，三面，雙身外露，背有威猛光焰。其擁抱之明妃為「多羅菩薩」。形像有多種，有八頭的、六頭的、有翅膀的。格魯派只崇拜前兩種，後者為寧瑪派所崇拜。黃教上、下密院把此尊作為護法神之一。

（九）大黑天。藏密護法神之一，梵文為「摩訶迦羅」，藏語稱為「瑪哈噶拉」，為「大自在天」或「滾波朱巴」的化身。青色三面六臂，前左右手橫執劍，中間左手執人頭，右手執羊，後左右手執象皮，張於背後，以骷髏為瓔珞，據云：大黑天為戰神，禮祀此神，可增威德，舉事能勝。西藏民間又視其為施福之神，每

於香火，必將飲食供之。藏密說此尊系大日如來為降伏惡魔而顯之形象。

（十）吉祥天母。當我們參觀西藏佛教寺廟時，常見到一尊身騎黃騾的極凶醜的神像，她就是吉祥天母。藏語叫「班達拉姆」。她的名字有一百個，每個名字都有一個像。一般是兩個像：一是和平像，一是威猛像，兩個像合起來叫班達拉姆。威猛像騎黃騾，騾的屁股上有一隻眼睛。藏族信徒認為供奉她可以除災難，使人地興旺。藏傳佛教信徒相信，每年正月初一日她騎著太陽光周遊全世界，這一天太陽光在她肚子裡，所以人們在這一天要供奉祭祀她。她的嘴上叼著死屍，來表示經常吃人。她的像前後一般有長著鱷魚頭和獅子頭的兩個女性，據說是她的兩個妹妹。從前，藏族青年男女很尊崇她，認為她能給人以智慧與幸福。她又稱為「三界榮耀女王」，系眾神之首，眾佛之母。她是原西藏地方的保護神。

（十一）金剛亥母。藏名為「多吉帕姆」，意為金剛母豬。藏傳佛教密宗本尊神。頭現豬形，女身，為勝樂金剛的明妃，其像為與勝樂金剛相抱之形，其身有的呈紅色，有的呈黃色，有八隻臂的，諸手執各種法器；有兩臂的，手無執物。該尊為藏傳佛教噶舉派修密法的本尊。

（十二）墓葬主。在西藏寺廟的壁畫上常見到兩具骷髏的像，一手執天杖，一手托頭器，頭戴五骷髏冠。此為藏密勝樂金剛的護法神。因藏密以兩具骷髏表示墓場的主神，而此神居住在天葬場維護佛教，故稱「墓葬主」。其背後有熊熊火焰。

◀ 水晶度母像。
▶ 大昭寺十一面觀音像。

藏密的修習組織、制度和次第是怎樣的？

　　藏傳佛教教派和教系支系眾多，但各派在密宗修習方面大同小異。藏密的修習組織、制度和次第是保證顯密結合的重要措施。這也是藏密在組織制度上對印度密教的發展。

　　格魯派提倡顯密兼修，先顯後密。作為一個學經的僧人進入寺院後，若欲學完顯密二宗的全過程，按寺院規定，必須先入顯宗札倉而被編入「度扎」（預備班）內。這樣的人被稱作「貝恰瓦」，意為讀書人。「貝恰瓦」入預備班首先必須有一定的經濟力量為自己找一位學經導師，然後在其指導下學習佛學基本知識。預備班的學習期限視學僧程度而定，快慢不一，在此期間寺方對學僧的學業既不督促也不考核，學僧人正班的時間由導師的推薦而定。一旦升入正班，即可按年資逐年升級。正班的級次各寺院不盡相同，哲蚌寺有十五級，色拉寺、甘丹寺有十三級。升到最高一班時，作為貝恰瓦就到頭了。這個最高班級沒有年限，但在這個班裡必須把作為貝恰瓦應該學完的經典全部補齊，特別是格魯派必學的五部大論。經導師推薦和本人向寺院當局申請獲准後，才有資格參加「格西」學位的考試。按寺

▼ 青海拉卜楞寺大經堂一景。
▶ 曼荼羅。

院規定，貝恰瓦在正班期間就是修習顯宗的階段。在此期間的主要功課就是學習著名的五部大論，即法稱著《量釋論》、彌勒著《現觀莊嚴論》、月稱著《入中論》、功德光著《戒律本論》和世親著《俱捨論》。學習和考核的方法主要是背誦和辯論。一個貝恰瓦學完這五部經論約需十五到二十年的時間。格西的考試由寺方和各顯宗札倉組織進行，從批准考生和出題、錄取、定級、排列名次等均由堪布全權決定。當然，貝恰瓦經師的地位影響

也起相當重要作用。拉薩三大寺的格西分為四等，即拉讓巴、磋讓巴、林塞和都讓巴（色拉寺叫裡讓巴）。前兩等由寺院初試，最後由原西藏地方政府確定；後兩等由寺院各顯宗札倉自行確定。

從修習制度上看，考取格西學位的僧人說明他已經完成顯宗的學習。具備了進修密宗以求深造的資格。這時他就可以升入三大寺共同的密宗專修機構—上下密院。上密院叫舉堆札倉，下密院叫舉麥札倉。這是格魯派先後建立的兩個平行、獨

立的密宗札倉。雖然哲蚌寺和色拉寺各有一個密宗札倉（阿巴札倉），也是專修密宗的札倉，但這種阿巴札倉同舉堆、舉麥札倉有極大的差別。在阿巴札倉修密的僧人不懂顯宗教法或不經過顯宗修習也可，因此，他們被稱作阿巴扎巴，而不像舉堆、舉麥札倉的僧人被稱作舉巴喇嘛。舉堆、舉麥札倉的修密僧人主要是取得格西學位的僧人，稱作「左仁巴」。同時來自外地或三大寺的學過顯宗，沒有格西學位的僧人也可以參加修習密宗，但只能算是附讀生，稱作「吉仁巴」。舉堆、舉麥札倉的修習制度很嚴格，十分重視苦修、苦行。每天四次上殿，最早一殿從深夜兩點開始。每天僅有四小時的睡眠時間。到法園修煉，要席地坐在石頭子舖成的座位上，冬夏如此。舉堆、舉麥札倉各有五個康村，僧員定額為五百人。舉堆、舉麥扎倉的密法修習屬於高級階段，其修習的內容是密集、勝樂、大威德三金剛以及其他一些次要的金剛和護法神修法。

舉堆、舉麥扎倉同樣有札倉、康村兩級組織和執事。但札倉部分的重要執事「格貴」（鐵棒喇嘛）的職位必須

由拉讓巴學員「左仁巴」充任。任期滿後按其年資候升喇嘛翁哉。該職任滿，再按年資候升堪布，堪布任期三年，退職後稱作堪蘇。上密院的堪蘇才有資格按年資候升夏孜卻結（東峰法尊）一職；同樣，下密院的堪蘇才有資格按其年資候升絳孜卻結（北峰法尊）一職。得到這兩個職位的人被認為是格魯派發祥地的兩名法尊，具有很高的威望。這兩名法尊是甘丹寺的首席甘丹赤巴一職的繼承人，任期七年。

甘丹赤巴可以說是一個格魯派學僧通過由顯入密的正規道路，是修到最高成就的惟一途徑。但由於種種條件所限，達到這種地位是相當困難的。一旦達到這個地位，也就成了「活佛」，可以轉世，甚至有機會和資格作為臨時代替達賴喇嘛掌政的人選之一。

藏密的修行以注重儀式為主旨，而密法的經咒、灌頂、壇場、儀軌名類甚多、異常繁瑣，此僅概而論之。

一個僧人進入修密階段，首先必須根據十個條件，即密宗所說的十種功德選擇自己的上師（金剛阿闍黎），並由上師考察其是否具有修密的「根器」。爾後由上師作一次入密門灌頂儀式，方可入密宗道修行的步驟和次第。學密開始的第一步是所謂「四加行」修法。密宗行者視此為入密門的前導。

密宗行者擇修「五部金剛大法」中之任何一種均須由上師再作授法灌頂。因這種灌頂屬於無上瑜伽密雙身修法之灌頂儀式，故又稱「灌頂大法」，具體包括前已述及的密灌頂和慧灌頂。這種灌頂儀式實質為上師對其弟子

◀藏傳佛教法會怪獸面具。
▶拉薩布達拉宮達賴十世靈塔。

在雙身修法上的言傳身教。格魯派嚴格規定，未經此二灌頂者絕對不能作「樂空雙運」之雙身修法。

　　「五部金剛大法」屬於無上瑜伽密，因此，修習其中任何一種金剛本尊法都須按密宗規定，嚴格遵守無上密的修習次第，修無上瑜伽密從次第上說，大體分為兩個階段，即生起次第（傑仁）和圓滿次第（左仁）。「傑」意為生長、升起；「仁」意為次第。生起次第是所謂用觀想修本尊形象的階段。如以時輪金剛為本尊修時輪金剛法，就要在以時輪金剛為本尊的曼荼羅（壇場）前作生起次第施食儀軌等，並依照時輪金剛之形象作觀想，即仔細觀察其形象，使其非常細緻的形象深深印在腦海中。就這樣天天修、月月修、年年修，天長日久，由於條件反射，時輪金剛的形象就像幻影一般出現在夢境，密宗行者就如同見到了時輪金剛，就好像見到真人一樣，還能給他講經說法。最後把自己的身、口、意修成本尊的身、口、意，也就與本尊合一了，也即「成佛」了。一個密宗行者必須經過修生起次第，爾後才能修圓滿次第。「左」意為圓滿、完成、終結。圓滿次第是密宗最後的、最高的修習次第。圓滿次第是通過修氣功控制脈息，在進行男女雙身修法時，也是氣功脈流控制精神在男女相交中入定悟空，謂之「樂空雙運」，達到「菩提」（覺），此種境界即是「成佛」。

藏傳佛教有哪些專門修習機構？

藏傳佛教各派寺院大體上都是顯密兼修，除有顯宗扎倉外，還有密宗扎倉，但這些寺院都不能算是密宗專門修習機構，只有黃教有兩個專門的密宗修習機構——上密院和下密院。

下密院藏語稱作「舉麥扎倉」亦稱「桑欽舉麥扎巴」，即續部經當神學下院之意。系黃教創始人宗喀巴的弟子傑尊・喜饒僧格創建於西元一四三三年。該院座落於拉薩市內，總面積為十・六畝，主廳共四層，修屋七十餘間。

上密院藏語叫「舉堆扎倉」亦稱「桑欽舉堆扎巴」，意為續部經堂神學上院。

由傑尊・喜饒僧格的弟子傑・貢噶頓珠創於一四七四年。因其地在拉薩上部，故取名上密院。上密院和下密院同時專門傳習、修行格魯派密宗的主要寺院。

一七一一年，蒙古和碩特部拉藏汗統治西藏，視上密院為黃教（格魯派）密宗正宗寺院，並在達隆巴封文的基礎上又頒發了把小昭寺和釋迦牟尼像及其所屬經

堂、喇章等永遠歸屬上密院的封文執照。

　　上下密院設有不同級別的僧官，具體是堪布（也稱洛本）一人，任期三年；喇嘛翁則一人，任期三年；強佑四人，任期四～五年；格貴一人，任期一年。以上僧官均由譯倉列空呈報達賴喇嘛或攝政任免。

　　上、下密院主要依宗喀巴的《密宗道次第廣論》為根據，其修行的內容主要是集密、勝樂、大威德，以及一些次要的金剛和護法的密法，通過念誦、供養、作法、護摩等種種儀式活動，達到所謂的解脫成佛。上、下密院的修行者著重研習無上瑜伽密的「生起次第」和「圓滿次第」。僧人修行生活艱苦，制度嚴格，類似苦行僧，藏人稱他們為「舉巴喇嘛」，在社會上享有很高聲譽。

◀ 色拉寺經堂午齋。

▲ 大昭寺金頂。金頂的頂面為銅質鍍金長瓦，翹首飛簷，四角飛簷為四隻張口的鰲頭，屋脊上裝飾有寶幢、寶瓶、臥鹿等，屋簷上雕飾有法輪、寶盤、雲紋、六字真言、蓮珠、花草、法鈴、八寶吉祥等圖案，屋脊寶瓶之間和屋簷下懸掛鈴子，風吹鈴響，悅耳動聽。

何謂藏密的灌頂？

灌頂是修密僧人在修密宗時必須舉行的一種宗教儀式。一個修密僧人從入密門到修習最高密法無上瑜伽密，要按照次第進行多次灌頂。

密宗中視灌頂為最莊嚴、最神聖的儀式，未受灌頂者不能修習密法和閱讀密宗經典，否則不僅得不到成就，死後還要墮入地獄。如宗喀巴在《密宗道次第廣論》中說：「欲成聞修大密之器，要得清淨灌頂，是故灌頂即是成就根本，若無灌頂，縱能無倒了達教義精進修習，終不能得殊勝悉地（成就），非但有不得大悉地之失，縱得諸小悉地師資亦俱墮那洛迦（地獄）。」《大印空點》第二說：「若時諸

師資，先灌一次頂。爾時即成為，宣說大密器。無灌頂不成，如壓沙無油。若無灌頂者，慢心說密教。師弟縱成就，死亦墮地獄。故應勤精進，從師請灌頂。」又如《金剛鬘經》第二說：「灌頂為主要，諸悉地常住。我說如是義，故先應正聽。若具慧弟子，先正受灌頂。於滿次瑜伽，爾時成法器。若無正灌頂，雖了達教義，行者師弟子，俱墮大苦獄」。宗喀巴在《密宗道次第廣論》又指出：「又灌頂者，未灌下頂，決定不可授上灌頂」，以防「俱害自他」。

灌頂儀式必須由金剛上師執行。儀式在曼荼羅前舉行，事前受灌頂者要沐浴，著莊嚴衣裝，由上師手持一個內裝聖水的寶瓶，向受灌頂者頭上灑。再用「尕巴拉」（即人頭蓋骨作成的碗）盛著青稞酒給受灌頂者喝。在此儀式中，受灌頂者還要向金剛上師宣誓：「立誓修密法，永不向外人講，否則受佛的懲罰」等內容。儀式完成後，在上師的指導下，弟子再根據自己的情況（根器），選擇一密宗本尊，再由上師傳授如何畫本尊和曼荼羅，然後面對佛像開始修行（參見前面講到的修行次第）。最高級的灌頂儀式是修無上瑜伽密之密灌頂和慧灌頂。

◀ 蓮花喜金剛銅像。
▶ 扎什倫布寺強巴殿內強巴佛兩側的千佛壁。

藏密的傳播情況是怎樣的？

密教在印度絕跡後，它的完整形態卻在西藏得到長足發展，形成帶有西藏地域特點的藏密。藏密在西藏長期盛行的同時，也逐漸傳播到了中國的青海、甘肅、內蒙古、四川、雲南等地。

藏密格魯派在明嘉靖年間還未傳入青海。此時，蒙古土默特部俺答汗（在今蒙古人民共和國至內蒙、寧夏、甘肅連接地帶）兼併諸部，用兵土伯特（今青海東北部），收阿木多、喀木康等部落，後以年老厭兵，往迎達賴。明萬曆年間，三世達賴索南嘉措應俺答汗之請，至青海，宣講「三生善緣」，傳播顯密教法，取得蒙古族的信仰。從此，黃教密顯二宗在青海開始傳播。西元一五七八年，索南嘉措在宗喀巴出生的地方修建一所寺院，後來該寺逐漸擴大規模，形成著名的青海塔爾寺。該寺有顯宗扎倉和密宗扎倉，是黃教顯密宗在青海的中心寺院。

甘肅省夏河縣大夏河畔有一座著名的黃教寺院－拉布楞寺。該寺於清康熙四十九年（一七一〇年）建成，距今已有二百七十餘年的歷史。經歷代增修、擴建，拉布楞寺成為眾多殿宇、經堂、佛塔和僧捨等組成的一座具有藏族特色的龐大建築群。寺內有顯宗扎倉和密宗扎倉，是在甘肅境內傳播黃教顯密教法的中心，也是黃教六大寺院（甘丹寺、哲蚌寺、色拉寺、扎什倫布寺、塔爾寺）之一。該寺佛位最高的是嘉木樣活佛。在他之下有：四大色赤、八大堪布、十八囊欠、五百活佛、三千喇嘛，統轄一百零八座屬寺，為甘、青、川毗鄰地（藏語稱安多地區）的佛教中心。

「蒙古敬信黃教，實始於俺答」，黃教傳入蒙古，是明代蒙古族生活中的重大事件。三世達賴索南嘉措會見俺答汗後，召開法會，為信徒舉行了隆重的入教儀式，蒙古受式者多達千人，僅土默特部就有一百零八人出家為僧。三世達賴和俺答汗互贈稱號。三世達賴被俺答汗尊為「聖識一切瓦齊爾達喇達賴喇嘛」，達賴喇嘛的稱號就由此而來。索南嘉措贈俺答汗的稱號是「轉千金法輪咱克喇瓦爾第徹辰汗」。此後黃教寺廟在蒙古族地區紛紛建立，僅歸化城一帶就修建了著名的大召（弘慈寺）、席力圖召（延壽寺）、慶緣寺和美岱召（壽靈寺）等，成為傳播顯密二宗的重要寺院。明萬曆九年（一五八一年）俺答汗去世，索南嘉措再次前往，為俺答汗會葬，他沿途向蒙古各部傳播黃教，發展不少信徒和出家僧人。一五八六年，喀爾喀的阿巴岱汗建起喀爾喀第一座黃教寺廟額爾德尼昭（光顯寺）。此後，黃教顯密教法又迅速傳播到蒙古其他各部。

四川省的藏族主要分佈在甘孜藏族自治州、阿壩藏族自治州和木裡藏族自治縣，主要信奉藏傳佛教。

藏族社會轉化的過程，也就是佛教與藏族原始苯教相結合，形成藏系佛教的過程。藏傳佛教受到新興土司的扶持而壯大起來。在西元十二世紀，藏傳佛教開始形成教派的時候，已由今西藏傳入四川省藏族地區，今甘孜藏族自治州白玉縣的噶陀寺、德格縣的八邦寺，已分別成了寧瑪派

和噶舉派的中心，並開始形成政權與宗教合一的統治制度。十五世紀初，黃教形成後，從西藏迅速傳入四川藏區。坐落在四川藏區的藏傳佛教各派的主要寺廟同西藏一樣，也是顯密兼修，以密宗為最高修習階段。一九四九年前四川藏族普遍信奉藏傳佛教。據統計，四川藏區約有喇嘛寺廟近八百座，小者數人，大者上千人，共有男性喇嘛和女性覺母十萬人，不少地區喇嘛占當地成年男性人口的半數以上，由此可見藏傳佛教在四川的傳播和影響。

雲南省的藏族主要聚居在迪慶藏族自治州，少數散居在麗江、貢山等縣。他們過去普遍信奉藏傳佛教。大約在西藏佛教形成教派的同時，西藏佛教寧瑪派、噶舉派發展到雲南藏族地區。明末清初，黃教勢力進入中甸，拆毀寧瑪、噶舉十三座寺廟，建成黃教大寺。清雍正年間，該寺奉命易名為歸化寺，喇嘛增至一千二百二十六人，由清朝政府發給度牒，每人每年發給七斗青稞及其他費用。至一九四九年左右，迪慶藏族自治州共有喇嘛寺廟二十四座，其中黃教、紅教（寧瑪派）各佔一半，共有喇嘛四千零六十人，尼姑六十八人，活佛四十人。

雲南喇嘛寺廟的組織，學經制度等與西藏寺廟大體相同，也是顯密兼修，密宗為上乘。

藏傳佛教密宗在元朝時傳入元朝宮廷，有的皇帝接受密宗灌頂，極崇密教，特別是元順帝接受西藏喇嘛的密灌頂和慧灌頂，行無上瑜伽密的男女雙身修法。但元代時，藏密並未深入民間。明、清以後漢族地區有了修習藏密的組織、團體，但人數不多影響不大。

▶藏傳佛教彌勒佛坐像。

藏傳佛教的封號主要有哪些？

封號性稱謂，是由歷代中央政府授封的一種僧職稱謂，在藏傳佛教諸多的僧職稱謂中最具聲望。封號性稱謂始於元朝。

西元一二六〇年，忽必烈即汗位後，封薩迦派第五代祖師八思巴為國師，授予玉印，領總制院事，統領天下釋教。一二七〇年，忽必烈又晉封八思巴為帝師，從而促使了西藏政教合一制度的正式形成。自此，西藏政教合一制度對藏族地區的社會產生了深遠的影響。

大寶法王，是明朝對藏傳佛教噶舉派活佛授予的僧職稱謂。一四○六年，噶瑪噶舉黑帽系第五世活佛德銀協巴應明成祖之邀抵達南京，受到明成祖的盛情款待，並受封為「萬行具足十方最勝圓覺妙智慧善普應佑國演教如來大寶法王西天善自在佛領天下釋教」，簡稱「大寶法王」。這一封號遂成為噶瑪噶舉黑帽系活佛的專用尊號，沿襲至今。

大慈法王，是明朝對藏傳佛教格魯派高僧授予的僧職稱謂。一四一三年，宗喀巴的弟子釋迦耶希進京應詔，受到明朝廷的隆重接待。一四一五年，釋迦耶希被明成祖封為「妙覺圓通慈普應輔國顯教灌頂弘善西天佛子大國師」。一四二九年，釋迦耶希再次應邀進京，並在內地留住造寺傳法。一四三四年，釋迦耶希又被明宣宗封為「萬行妙明真如上勝清淨般若弘照普慧輔國顯教至善大慈法王西天正覺如來自在大圓通佛」，簡稱「大慈法王」。

大乘法王，是明朝對藏傳佛教薩迦派高僧授予的僧職稱謂。一四一三

年，薩迦派高僧貢噶扎西應明朝廷之邀抵達南京，被明成祖封為「萬行圓融妙法最勝真如慧智弘慈廣濟護國演教正覺大乘法王西天上善金剛普應大光明佛領天下釋教」，簡稱「大乘法王」。

大智法王，是明朝對藏東地區的藏傳佛教高僧授予的僧職稱謂。明朝永樂初年，朝廷邀請藏族高僧班丹扎西入朝，並讓他在內地長期留住；明宣宗時被授予「淨覺慈濟大國師」；明代宗時晉封為「大智法王」。

除了以上數位僧職較高的法王外，明朝政府授予的藏傳佛教僧職稱謂，可謂不勝枚舉，諸如贊善王、護教王、闡教王、輔教王以及西天佛子、灌頂國師、灌頂大國師等等。

清朝時期，清政府繼續對藏傳佛教高僧，特別對格魯派高僧授予至高無上的僧職頭銜，比如達賴喇嘛、班禪等。

◄ 西藏哲蚌寺雪頓節上的展佛。
▲ 明代密集金剛像。

達賴喇嘛、班禪的名稱最早何時出現？

　　達賴喇嘛和班禪是藏傳佛教格魯派兩大活佛轉世系統的稱號。達賴喇嘛由蒙古語的「達賴」和藏族的「喇嘛」組成，「達賴」在蒙古語中意思是大海，「喇嘛」在藏語中意思是上人或上師。達賴喇嘛這個名稱體現了藏族和蒙古族在歷史上的密切關係。

　　明代，蒙古勢力退出中原，向西發展，佔據了中亞的大片地域，中國的新疆、青海地區，也相繼建立起蒙古政權。明萬曆六年（一五七八年），藏傳佛教格魯派首領索南嘉措去青海、內蒙古一帶傳教。他是格魯派創始人宗喀巴的第四世傳人，格魯派活佛轉世就是從他這裡開始的。宗喀巴的大弟子根敦珠巴是拉薩三大寺之首哲蚌寺的寺主，根敦珠巴圓寂後，根敦嘉措繼任，根據宗喀巴的遺願，格魯派上層決定根敦嘉措圓寂後轉世，於是年

僅三歲的索南嘉措被迎請到哲蚌寺，成為格魯派第一位轉世的活佛。格魯派倣傚噶舉派的活佛轉世制度，從此建立起了達賴喇嘛活佛轉世系統。

　　索南嘉措在蒙古地區傳教期間，與蒙古族土默特部首領俺答汗相會於青海湖邊。俺答汗率部眾信奉藏傳佛教，並贈送索南嘉措一個稱號：「聖識一切瓦齊爾達喇達賴喇嘛」，意為「遍知一切德智如海之金剛上師」，以示敬意。其中，「瓦齊爾達喇」是藏語，是「執金剛」的意思，是對密宗方面有最高成就的人物的尊稱。而索南嘉措給俺答汗贈送的稱號是「法王梵天」。這就是達賴喇嘛名稱的由來。後來，索南嘉措自認是三世，而追認他的前兩輩根敦珠巴和根敦嘉措分別為一世和二世達賴喇嘛。一六五二年，清順治帝封五世達賴阿旺羅桑嘉措為「西天大善自在佛所領天下釋教普通瓦赤喇怛喇達賴喇嘛」。這個封號是漢蒙藏三種語言的混合。其中「普通」是「普遍通曉」的意思，也就是三世達賴封號中的「聖識一切」。其後，每代達賴更迭例由清廷冊封，遂成定制。五世達賴喇嘛取得了清廷的支持後，逐步清除了一直控制西藏政權的蒙古勢力，在三世達賴索南嘉措於拉薩哲蚌寺的居所「甘丹頗章」內，建立起了政教合一的政權。

◀ 扎什倫布寺班禪寶座。
▶ 扎什倫布寺班禪靈塔。

　　自三世達賴喇嘛索南嘉措以後，達賴喇嘛這一世系被至今已經轉世至第十四世，現今的第十四世達賴喇嘛名丹增嘉措。五世、七世、八世、十三世，掌權較久，精於佛學，兼通文史，著述甚豐，各有全集傳世。六世尤擅詩歌，為世稱道。

　　班禪這個稱號，始於一六四五年。這一年，蒙古固始汗贈給西藏格魯派扎什倫布寺寺主羅桑曲結以「班禪博克多」的尊稱。「班」是梵文「班智達」（即學者）的簡稱；「禪」是藏語，意為「大」，二字合起來意為「大師」。一七一三年，清朝康熙皇帝冊封班禪時的正式封號是「班禪額爾德尼」，「額爾德尼」是滿語，意為「珍寶」。從此，班禪這一封號就成為班禪系統的專用名稱。

喜馬拉雅山脈雄踞青藏高原南部邊緣，橫亙千里。中國西藏地區與其他國家、地區的宗教文化交流並未因此而被隔斷。

中國漢地早期密部典籍的譯傳有哪些？

隋唐是中國漢地密宗創立的時期。隋唐以前傳入中國的密典，大多為雜密，以雜咒居多，還未見有組織的正純密教經典。早期譯傳密典，目的在於除邪魅、定吉凶、禳災招福，大部分已經散佚，僅有一些經名被經錄記載下來。

三國時東吳譯經家支謙，可能是最早漢譯密典之人，所譯密咒有《佛說無量門微密持經》等。西晉懷帝永嘉四年（三一〇年），西域僧（一說龜茲人）佛圖澄來到洛陽，史載他「志弘大法，善誦神咒、能役使鬼物，以麻油雜燕脂塗掌，千里外事皆徹見掌中如對面焉」（梁《高僧傳》卷九），故深受後趙石勒、石虎崇信，正式允許漢人出家為僧，由於佛圖澄的影響所及，密咒法門的知識逐漸普及。西晉時，龜茲僧帛尸梨密多羅（吉友）來到東土，譯出《大灌頂經》、《孔雀王神咒經》等陀羅尼門密典後，開始了印度密典譯傳於中國的新時期。帛氏亦「善咒術，能梵唄，世號高座法師」。帛為龜茲國姓，可知四世紀初以前，龜茲即流行密宗秘密法術，且經由該國僧人傳入東土。支謙曾制「梵唄三契」，吉友也「能梵唄」，梵唄需在一定的佛教儀式上歌詠，故知誦咒語亦與較發達的佛教儀式相關。吉友以後，南方譯傳雜咒經典最著名的是西域僧曇無蘭，譯有《咒時氣》等經。北方以中天竺人曇無讖為著，據傳他「明解咒術，所向皆驗，西域號為大神咒師」。至於中國四大譯經家之一的龜茲僧鳩摩羅什，也是「妙達吉凶，言若符契」，所譯有《摩訶般若波羅蜜大明咒經》等。

南北朝時，密典的譯傳仍在繼續擴大，北魏曇曜譯有《大吉義咒經》，梁僧伽婆羅譯有《孔雀王陀羅尼經》。此後，隋代「開皇三大士」共譯約十部雜咒，唐菩提流支譯經約十部，義淨譯經約十三部，玄奘譯經十部，實叉難陀譯經四部。

上述漢譯密典，絕大部分屬於雜密、雜咒，但對於密教在中國的傳播有著直接的促進作用，並為後來善無畏、金剛智、不空等譯傳純正密教經典。中國早期密典的譯傳者，均為擅長咒術的西域或天竺僧人，他們弘傳密典，取信於當時統治者，這在當時的歷史條件下，對於擴大佛教影響，推動佛教傳播，也有一定的意義。

▶ 唐代法門寺地宮出土的鎏金銀質真身菩薩。

何謂「開皇三大士」？

隋文帝楊堅即位伊始，下令在長安大興善寺建立國立譯經館，成為隋代佛教經籍翻譯的中心。先後擔任大興善寺譯經館譯主且譯作豐富的那連提黎耶捨、闍那崛多和達磨笈多三人，由於其在中國佛經翻譯事業上的卓越貢獻，被後世尊為「開皇三大士」。

隋文帝建立的譯經館中聚集名僧和佛教學者擔任譯事，並由佛學淵博、名望隆弘的高僧大德擔任譯主，主持譯作。譯經館第一任譯主，是北天竺人那連提黎耶捨。他於北齊文宣帝天保七年（五五六年）來華，甚得高洋寵信，授任北齊昭玄統。北齊時譯經七部。隋興，文帝恢復佛法，「降璽書，請來弘譯」，於開皇二年（五八二年）以九十二歲高齡，入京住大興善寺，創建組織譯場，主持譯事。後移住廣濟寺，受封為「外國僧主」。那連提黎耶捨主譯佛經八部，二十三卷，其中包括密部經典《大雲輪請雨經》等。

那連提黎耶捨移住廣濟寺後，闍那崛多繼住為譯主。他亦為北天竺人，於西魏大統年間來到長安。北周明帝詔請，為他敕造「四天王寺」。北周武帝滅佛事件發生後，他被迫遷居突厥十餘年。隋文帝遣使迎入京都，後為大興善寺譯主。闍那崛多居留中國多年，熟諳漢梵兩種語言，「宣辯自運，不勞傳度」，即在念誦梵文原典時，可用漢語宣講經義，譯筆精當，不需對證原文。他主持譯場工作後，從全國嚴選「十大德」監掌譯事，增加漢人為助譯，使譯經館出現了一個新局面。闍那崛多的得力助手有南天竺人達磨笈多和趙郡人彥琮，後者職司復勘，隋代譯經多有他寫的序，是一位對佛經翻譯有重要影響的人。據《歷代三寶記》統計，闍那崛多主譯佛經三十一部，一百六十五卷，其中包括《不空索觀世音心咒》、《十一面觀世音咒經》、《東方最勝燈王如來經》等密典多部。

達磨笈多入大興善寺後，協助闍那崛多主持譯務，後繼為譯主，彥琮等人為筆受。所譯密典有《藥師如來本願經》，為後世造藥師變相的主要依據之一。

◀ 福建泉州開元寺護國塔。
▶ 隋代茍國醜造釋迦牟尼坐像。

「開元三大士」與漢地密宗正式形成有什麼關係？

唐開元年間先後來華的善無畏、金剛智、不空等人，在中國弘傳正純密教（純密）並正式形成宗派，後世稱這三人為創立密宗的「開元三大士」。

密宗是西元七世紀形成的印度密教傳入中國後，與中國文化素質相結合而建立的一個佛教宗派。早期傳入中國的多為雜部密教（雜密）典籍，如初唐阿地瞿多譯《陀羅尼集經》十二卷，也屬於陀羅尼、真言的彙編性質。由於這三個人和他們的弟子努力弘傳的結果，密宗從此獨樹一幟，與唐代佛教其他教派分庭抗禮，極一時之盛。

密宗以高度組織化的咒術、儀禮和各種神格信仰為特徵，主張口誦真言咒（語密）、手結契印（身密）和心作觀想（心密），三密相應便可即身成佛。修法時，建造曼荼羅，配置諸佛菩薩。根本經典有《金剛頂一切如來真實攝大乘現證大教王經》（《金剛頂經》），宣傳以大日如來。（毗盧遮那佛）為受用身，主張「五佛顯五智說」。《大毗盧遮那成佛神變加持經》（《大日經》），則宣講密教的基本教義、儀軌和修法、供養的方式方法。

唐開元四年（七一六年），中天竺密教高僧善無畏（六三七～七三五年）攜梵本經西域到達長安，深受玄宗禮遇，尊為國師、教主。善無畏曾先後在長安、洛陽譯出密教經典多部，其中最重要的是在洛陽大福先寺譯出的《大日經》和由其弟子一行撰的《大日經疏》。善無畏傳授以胎藏界為主的密法，以《大日經》為「宗經」，這是中國密宗正式傳授之始。著名弟子中，一行從善無畏學密法，譯密典，親承講傳。此外還有智嚴、義林、新羅玄超等。

開元八年（七二〇年），南天竺密教高僧金剛智（六六九～七四一年）經南海、廣州到長安，其弟子不空（七〇五～七七四年）於同年經陸路也到達長安。金剛智在長安開壇灌頂，傳授密法。其譯場設在長安、洛陽二處，共譯出《金剛頂瑜伽中略出念誦法》等密典十部、十四卷。不空曾奉師命赴獅子國（今斯里蘭卡）學習密法，攜回梵本多部，回國後在長安、洛陽等地譯出《金剛頂經》等密典十一部、一百四十三卷。不空

居大興善寺開壇灌頂，並曾赴河西、五台山等地傳法。善無畏、不空系統傳授以金剛界密法為主，以《金剛頂經》為宗經。不空著名弟子有五台金閣寺含光、新羅國慧超、長安青龍寺惠果、崇福寺慧朗、保壽寺元皎、覺超，世稱「六哲」。

「開元三大士」中，善無畏死後詔贈鴻臚卿，葬於洛陽龍門西山廣化寺。金剛智死後號國師，於龍門奉先寺西崗起塔安置。

後又追賜開府儀司三司，贈號「大弘教三藏」。不空終於大興善寺，於寺內起塔建碑，追贈司空，號「大辯正廣智不空三藏和尚」。

◀ 唐代李真繪不空像。唐代，日本僧人空海從長安（今陝西西安）青龍寺惠果受密法。空海回日本傳密教，創立真言宗。真言宗尊惠果、金剛智、善無畏、不空、一行為五祖。空海在回日本時將李真所繪真言五祖像（今藏日本京都教王護國寺）帶回日本，其中不空像保存至今。

▼ 法門寺地宮出土金銀絲結條籠子。

什麼是「金胎兩界」密法？

漢地密宗創始者「開元三大士」所傳授的密宗兩界密法：善無畏、一行傳授的是以胎藏界為主的密法，主要依據《大日經》；金剛智、不空傳授的是金剛界為主的密法，主要依據《金剛頂經》。

按照密宗經典的教義，宇宙的一切均為法主大日如來的表現，金剛界表現其智慧（智差別），胎藏界表現其理性（理平等）。前者智慧如金剛，可以摧破一切煩惱，具有智、果、始覺、自證等義。後者理性如胎兒之在母體，蓮花種子之在花中，可以由大悲培育所有內在的悟覺，具有理、因、本覺、化他等義。金剛界以大日如來為受用身，作菩薩形，戴五佛冠，結智拳印，宣揚「五佛轉五智」說，即中央大日如來的法界體性智，東方阿閦佛的大圓鏡智，南方寶生佛的平等性智，西方無量壽佛的妙觀察智，北方不空成就佛的成所作智。五智中以法界體性智最重要，其餘四智均為唯識所轉，在這裡採用了瑜伽行派（唯識法相宗）「轉智成識」的思想。胎藏界大日如來亦作菩薩形，戴結髮於頂形冠，結法界定印。該界以大定、大

悲、大智三德，分為佛（大日如來）、蓮花（阿彌陀佛）、金剛（阿佛）三部。金剛、胎藏兩部密法，亦稱真言兩部或金、胎兩部，有兩部相對、兩部不二之說。

作為金剛界根本經典的《金剛頂經》，與《大日經》、《蘇悉地經》合稱密宗三經。《金剛頂經》有廣、略兩種經本，現僅存略本。漢譯共三種，即不空所譯《金剛頂一切如來真實攝大乘現證教王經》三卷，為一般常用經典；金剛智所譯《金剛頂瑜伽中略出念誦經》四卷，所謂略出即從十萬頌廣本中選略精要之義；宋施護所譯《一切如來真實攝一乘現證三昧教王經》三十卷。這三種經典，詳述快速證入佛菩薩境地的密宗特有的儀則，現僅存漢譯本，梵本已不存。《大日經》即善無畏所譯《大毗盧遮那成佛神變加持經》七卷本的簡稱，密宗三經之一。該經七卷中六卷，包括從住心品至囑累品的引品，後一卷包括有關供養法的五品。引品中，以第一品有關「教相」的闡述為主，其他品則為有關「事相」的敘述。一行所撰《大日經疏》為二十卷本。

密宗金、胎二界在中國的傳承，以金剛界較盛。胎藏界中善無畏親傳一行，一行以後沒有再傳。善無畏入室弟子有智嚴、義林、玄超等，義林傳順曉，順曉再傳日本國求法僧最澄，最澄回國後創立日本「台密」。金剛界不空從善無畏、金剛智學得兩部密法，門下弟子眾多。唐末五代變亂，密宗法脈在中原北方幾近斷絕，惟南方四川等地得傳。

◀ 陝西西安青龍寺。
▶ （上）空海和尚塑像。空海，日本高僧，與最澄到中國。於青龍寺遇惠果大師，承續密宗法脈，成為日本真言宗開祖。空海長於書法，佛學著作豐富。
▶ （下）西安青龍寺空海紀念堂內景。

中國密宗祖庭在哪裡？

在密宗金、胎兩部密法中，善無畏嗣法者不多，金剛智一系以不空傳承衣缽。不空師承二部，光耀師門，於密宗創立建樹頗多，後世尊稱不空住持的長安大興善寺為密宗發源地——祖庭。

唐天寶十三年（七五四年），不空自河西傳法後返長安，唐玄宗敕住大興善寺。安史之亂後，唐肅宗乾元元年（七五八年），不空奏請於寺內建灌頂道場，肅宗下令敕建。不空為肅宗親授轉輪王七寶灌頂，自此聲譽益隆。代宗廣德二年（七六四年），不空上書請於寺中設四十九位大德，奏准，令於長安及全國範圍內挑選了大德四十九人常住寺內，每年正月、五月、九月，在寺內開壇灌頂，教化文武百官及四眾。不空從全國搜尋佛教人才，在大興善寺譯經傳法，該寺成為密宗的譯傳中心。

不空與鳩摩羅什、玄奘、義淨被稱為中國四大譯經家，長安慈恩寺、薦福寺、大興善寺為三大譯場。大興善寺為隋代及唐初譯場之首，嗣後慈恩寺及薦福寺譯經館先後興盛。及不空入興善寺譯經傳教後，該寺譯業重振。不空所譯佛經，總計七十餘部、一百二十餘卷，在四大譯經家中譯經部數居首位。不空譯經以密宗經典為主，作為準備工作，先從「搜撿天下梵筴」，即不空從天竺、獅子國取回的梵筴和前代遺存下來的梵筴開始，集中運到大興善寺，進行整理和校勘工作，然後再行翻譯。這次集中梵文經卷之舉，是唐代譯經史上一大盛事。

不空弟子以「六哲」最為著名，但惟有惠果學得兩部密法，承其法統，在青龍寺發揚光大，歷任代宗、德宗、順宗三代國師，青龍寺於是成為晚唐密宗的根本道場。

惠果（七五二～八〇五年）於青龍寺東塔院設毗盧遮那灌頂道場，廣度僧俗，中外聞名，成為不空以後第一位傳法阿闍黎，時稱密宗大師。惠果於青龍寺傳法，中外名僧咸集，弟子遍及海內外，其中有訶陵（今印尼爪哇島）辨弘，新羅（今朝鮮東南部）惠日，日本國空海及中國劍南惟上、河北義圓、義明、義滿等人。青龍寺僧中，以著述聞名的，有道世，著《法苑珠林》等書。道氤，著《唯識疏》、《法華經疏》、《御注金剛經疏》等，在青龍寺宣講新疏，聽者數千人。中國密宗盛傳海外，青龍寺功績不可磨滅。

◀ 陝西西安大興善寺大雄寶殿。
▶ 西安大雁塔玄奘舍利塔。

中國密宗主要供奉哪些造像？

中國密宗造像，按胎藏和金剛兩界造出。胎藏界有佛部、蓮花部和金剛部三部，金剛界加上寶部和羯磨部共為五部造像。

胎藏界的佛部以大日如來為部主，四波羅蜜菩薩（指金波羅蜜菩薩，東方；寶波羅蜜菩薩，南方；法波羅蜜菩薩，西方；業波羅蜜菩薩，北方）為眷屬（部母）。東方金剛部以阿佛為部主，文殊、普賢、觀音、地藏四菩薩為部母。南方寶部以寶生佛為部主，四大菩薩為部母。西方蓮花部以阿彌陀佛為部主，四大菩薩為部母。北方羯磨部以不空成就佛為部主，四大菩薩為部母。

密宗造像最高尊神是大日如來，以其為主成五方佛。此外還有東方藥師琉璃光佛、金輪熾盛光佛等。密宗菩薩像，多為多面多臂，手持各種法物的形像，其中以觀音的種種變化身為主，如大悲（千手千眼）觀音、十一面觀音、如意輪觀音、不空索觀音、數珠手觀音、白衣觀音、准提觀音、三十三觀音等。還有千臂千鉢文殊、地藏菩薩和八大菩薩之類。密宗特有的明王，是佛、菩薩的忿怒相，一般是多面多臂、手持法物的忿怒形；一面四臂騎孔雀的孔雀明王，為慈悲相。明王有五大明王、八大明王、十大明王等。還有八大菩薩和八大明王之說。密宗天王像多造四大天王，特別盛行北方毗沙門天王。此外，中國密宗造像的題材，還流行地藏與十王變，地藏與六趣輪迴變，地獄變，訶利帝（鬼子母）變，大黑天，十二圓覺菩薩，華嚴三聖及佛頂尊勝陀羅尼經幢以及曼荼羅像等。

中國的密宗造像遺存，北方主要見於龍門石窟和敦煌莫高窟等處，南方盛唐以後流行於四川地區。現存初唐密宗造像不多，如龍門劉天洞旁的毗盧佛，莫高窟三二一、三三四窟的十一面觀音菩薩壁畫。盛唐以後，密宗造像漸多，如龍門擂鼓三洞的毗盧佛，西山的千手千眼觀音世菩薩，莫高窟的密宗題材壁畫，主要描繪千手千眼觀世音菩薩、千臂千鉢文殊菩薩、不空索觀世音菩薩、如意輪觀世音菩

◀ 清代無量壽佛像。
▶ 明代索南嘉措像。索南嘉措是第三世達賴喇嘛。

薩以及藥師經變、地藏與十王變。

　　曼荼羅造像，現存有空海帶回日本的唐代《金剛界大曼荼羅》，北京居庸關雲台元代的尊勝佛頂曼荼羅，西藏薩迦寺曼荼羅壁畫（元）、白居寺曼荼羅（明）和莫高窟曼荼羅壁畫等多處。

什麼是曼荼羅？

　　曼荼羅是梵語mandala的音譯，密宗儀軌之一，意為圓輪具足、聚集、壇城等，比喻大徹大悟的佛的境地，是將密宗佛、菩薩等尊像集中造出以備修法時供奉。

　　曼荼羅的形式或圓或方，中央畫本尊佛，本尊的四方、四隅各畫一菩薩，是為中院。中院周圍畫一、二層菩薩或護法像，成為外院。壇城源於印度佛教密宗，古代印度密宗修習「密法」時為防止「魔眾」侵入，遂修築土壇，恭請諸尊於此以祭供。曼荼羅有立體形式，亦可平面雕刻（浮雕）或繪畫。曼荼羅嚴格尊照本尊經軌中所規定的儀則所建。依據《大日經》所繪的胎藏界曼荼羅，依據《金剛頂經》所繪的金剛界曼荼羅，名曰「普門曼荼羅」；以藥師、彌勒、觀世音等一尊主像為中心的曼荼羅，名曰「別尊（一門）曼荼羅，如居庸關雲台的尊勝佛頂曼荼羅；以經典或真言咒（種子）為中心的曼荼羅，名曰「經法曼荼羅」，如法華曼荼羅、仁王曼荼羅、種子曼荼羅等；此外，還有以象徵諸尊的器杖、刀劍、手印等為中心的「三昧耶曼荼羅」。

　　現存曼荼羅作品，較早的是唐代日本國求法高僧空海（弘法大師）於貞元（七八五～八○五年）年間，在長安請供奉丹青李真等人所繪的《胎藏界大曼荼羅》和《金剛界大曼荼羅》。胎藏界曼荼羅，以上方為東，中央為中台八葉院：大日如來居中，周圍排列四佛、四菩薩。中台院周圍排列四重外院，計有遍知院、蓮花部院（觀音院）、金剛手院（薩埵院）、持明院（五大明王）、釋迦院、地藏院（地藏菩薩）、虛空藏院（虛空藏菩薩）、除蓋障院（除蓋障菩薩）、文殊院（文殊菩薩）、蘇悉地院和外金剛院，共繪十二院，也有繪十三院者。其中，

◀掛式銅嵌寶石曼荼羅。
▶銅鎏金曼荼羅。

釋迦、文殊、虛空藏院相當於佛部，觀音、地藏院相當於蓮花部，金剛手、除蓋障院相
當於金剛部。金剛界曼荼羅又稱九會曼荼羅，九會中有七會依據《金剛頂經・金剛界
品》，有二會依據該經降三世品。九會曼荼羅以上為西方，以中央成身會為中心，上下
左右各分成三等分，共為九會。這九會是：成身會（諸尊大曼荼羅），中央大日如來，
四方四佛、十六菩薩，還有八供養菩薩、四攝菩薩、四波羅蜜菩薩、諸護法天和千佛
等；三昧耶會（法物、手印）；羯磨會（真言梵字）；供養會；四印會（四披羅密）；
一印會（大日如來）；理趣會（金剛薩埵）；降三世會（降三世明王）；降三世三昧耶
會。

什麼是五方佛？

　　密宗金剛界密法宣揚「五佛轉智說」，即大日如來佛的法界體性智（理智具足，覺道圓滿，達到佛、我一致），東方阿閦佛的大圓鏡智（覺悟人的本性，即具菩提心）、南方寶生佛的平等性智（修行菩提心）、西方阿彌陀佛的妙觀察智（覺悟自身與諸佛間融通無礙）、北方不空成就佛的成所作智（證得金剛身）。五智中以大日如來佛的法界體性智最重要，其餘四智均為轉識所生。

　　金剛界曼荼羅，分為佛部、金剛部、寶部、蓮花部、羯磨部等五部，各以大日如來（中）、阿閦佛（東）、寶生佛（南）、阿彌陀佛（西）和不空成就佛（北）為部主，稱為五方佛或五佛。五佛中以大日如來為最高尊神，大日如來有四個親近的波羅蜜菩薩，即金波羅蜜菩薩（東方）、寶波羅蜜菩薩（南方）、法波羅蜜菩薩（西方）、業波羅蜜菩薩（北方）。據說大日如來以外的四佛，是這四波羅蜜菩薩所生，四佛各為一方部主，四菩薩則稱作部母。

　　有五方佛，就生出五佛冠。密宗中大日如來、金剛薩埵（即普賢菩薩）、虛空藏菩薩等造像，頭上都戴五佛冠，冠中有五化佛，以示五智三德。

◀ 清代文殊菩薩銅像。

什麼是八大明王？

明王即明呪（真言）之王的略稱，意為具有摧伏愚闇的智慧光明，如降三世明王之類。明王的另一層含義，意為為了導引難於教化的眾生，表現出忿怒相的尊神，又稱持明王、忿怒尊等，如不動明王等。

明王多有忿怒相，只有少數明王（如孔雀明王）具慈悲相。明王有五大明王、八大明王、十大明王之說。又有明王與明妃的男女二神。

五大明王指大日、阿、寶生、阿彌陀、不空等五佛所現的忿怒形（教令輪身）明王：不動、降三世、軍荼利、六足、淨身明王。唐代密宗造像中的明王，主要有八身菩薩轉化的教令輪身明王，稱為八大明王。唐達摩棲那譯《大妙金剛大甘露軍拿利劍焰鬘熾盛佛頂經》中，記有降三世明王，以右手持五股金剛杵；六足明王，手持利劍；大笑明王，口現大笑形；大輪明王，右手持八幅金剛輪，左手拄一獨鈷金剛杵；馬頭明王；無能勝明王；不動明王；步擲明王等八大明王形像。雲南大理石鐘山石窟第六窟中，所雕八大明王名稱與此完全相同，又陝西扶風法門寺出土「捧真身菩薩」像座覆蓮瓣上所刻，也很可能為八大明王像。中國現存十大明王像，唯有四川寶頂山大佛灣一處，該處在柳本

尊「十煉」行化圖下刻出十大明王像，像有兩面六臂、三面四臂和三面六臂幾種，均作忿怒相，題記有「大穢跡金剛本師釋迦牟尼化」、「大火明王盧捨那佛化」、「大威德明王金輪熾盛光如來化」、「降三世明王金剛手菩薩化」、「馬首明王觀世音菩薩化」等，另幾尊明王應為大笑明王、不動明王、大輪明王、無能勝明王等。這十大明王造像，有可能是釋迦佛、毗盧捨那佛和八大菩薩的化身像。

▶ 重慶大足縣寶頂山大佛灣第二十一號十大明王像之大憤怒明王像局部，中國其他石窟多為八大明王。

什麼是八大菩薩？

八大菩薩是一種密宗造像，分別是觀世音菩薩、彌勒菩薩、虛空藏菩薩、普賢菩薩、金剛手菩薩、文殊菩薩、地藏菩薩、除蓋障菩薩，均為菩薩形真實正法輪身。

據《金剛頂瑜伽經》：「諸佛、菩薩依二種輪，現身有異：一者法輪現真實身所修行願，報得身故；二者教令輪，現忿怒身，由起大悲，現威猛故也」，這就是說，佛、菩薩有正法輪與教令輪二種輪身，分別體現其真實身和忿怒身。八大菩薩據唐不空譯《八大曼荼羅經》、宋法天譯《大乘八大曼荼羅經》等經記載，八大菩薩是觀世音菩薩，左手持蓮花，右手作施無畏印，冠中有阿彌陀化佛、彌勒菩薩，左手持瓶，右手作施無畏印，冠中有寶塔、虛空藏菩薩，左手持寶珠，右手施無畏印、普賢菩薩，右手持劍，左手施無畏印，頭戴五佛冠、金剛手菩薩，右手持金剛杵，左手按胯、文殊菩薩，左手持蓮花，中有金剛杵、地藏菩薩，左手持缽、除蓋障菩薩，左手持幢，右手施無畏印，均為菩薩形真實正法輪身。由這八大菩薩，轉化為忿怒相的教令輪身八大明王，分別是馬頭明王、大輪明王、大笑明王、步擲明王、降三世明王、六足明王、無能勝明王和不動明王。

◀ 塔爾寺文殊殿所供大勢至菩薩。

什麼是三十三觀世音菩薩？

《妙法蓮華經‧普門品》中，記載觀世音菩薩有三十三種變化身，包括佛以下弟子、聲聞、四眾、天龍八部護法等各階層人物。與此相應，又有三十三觀世音菩薩之說。

觀世音菩薩的三十三種變化身分別是不空索觀世音、不空勾觀世音、耶輸陀羅觀世音、忿怒勾觀世音、阿魯利迦觀世音、如意輪觀世音、圓滿意願觀世音、大隨求觀世音、利樂金剛觀世音、滅惡趣觀世音、一髻羅剎觀世音、多羅女觀世音、蓮花發生觀世音、披葉衣觀世音、千手千眼觀世音、十一面觀世音、大吉祥觀世音、水吉祥觀世音、大勢至觀世音、大明白身觀世音、毗俱胝觀世音、大吉大明觀世音、豐財觀世音、馬頭觀世音、白身觀世音、白處尊觀世音，再加上六大觀世音，合成三十三尊。

這些觀世音菩薩，多為密宗中題材。還有一類三十三觀世音，為中國的創造，是畫家依據民間傳說的隨意之筆，如楊柳觀音、水月觀音、寶相觀音、遊戲觀音、魚籃觀音、馬郎婦觀音、灑水觀音等。如馬郎婦觀音為女相，其傳說有二：一為觀音化為美艷女子，嫁一善誦經者，得馬氏子後死去，世稱馬郎婦；一為馬郎婦誘人，與其交合者，永絕其淫。造作此一題材，目的在於勸誘人們遁入佛門。

▶ 唐代十一面六臂觀音像。

什麼是千手千眼觀世音菩薩？

千手千眼觀世音（大悲觀音）菩薩，是密宗造像的主要題材之一。據密宗經典所載，千手千眼觀世音菩薩是佛在降魔時顯現出來的特殊形象，其身分與佛相等。身有千手千眼，表示度一切眾生，廣大圓滿而無礙之義。

供養千手千眼觀世音菩薩，可得到息災、增益、敬愛、降伏等四種成就法。它的形象，主要有千手千眼和四十手眼兩種。如莫高窟、龍門、四川諸石窟中，盛唐以來直至五代、兩宋，都造出多處千手千眼觀音菩薩像，新疆庫木吐喇石窟近年也發現這種造像。重慶大足北山第九窟，造出的是四十手觀音像。另外一些著名佛寺，如河北正定隆興寺（宋代）、天津薊縣獨樂寺（遼代）、山西太原崇善寺（明代）、承德普寧寺大乘閣（清代）中，都雕千手千眼觀世音像作主像供養。

饒有趣味的是，從唐代開始，中國民間就流傳有千手千眼觀音菩薩為妙莊王幼女妙善之說。現存河南寶豐縣宋元符三年（一一〇〇年）由蔣之奇撰文、蔡京書丹的《香山大悲菩薩傳》碑，碑文記述大悲觀音菩薩修道經過，並記碑文原本為唐終南山名僧道宣律師所傳，由汝州香山寺住持沙門懷畫出示於蔣之奇。該碑為文物珍品，在佛教史及書法研究上都有重要價值。這個傳說流傳較廣，今山西大同善化寺三聖殿扇面牆後面，原繪大悲觀音菩薩像（現為韋馱像），殿後簷下所懸匾額，也引述蔣之奇撰《大悲菩薩香山傳》。這就說明，千手千眼觀世音菩薩這位外來的法力無邊的菩薩，在中國流傳過程中，從身世到形象都經過了一番改造，賦予其更濃烈的中國色彩，就更容易被中國人所接受，流傳也益廣泛。

◀ 河北承德普寧寺大乘閣內千手觀音像。
▶ 大昭寺千手觀音像。

什麼是地藏菩薩與十殿閻王？

按照佛經記載，在釋迦佛去世和未來佛彌勒未下生人間之際，有地藏菩薩於過去諸佛發大誓願，要解救一切眾生，使他們「具足善根」。特別是地藏菩薩能令六道輪迴中的眾生免墮惡趣中；即令墮入地獄，也能拔脫罪苦。

隋唐時，三階教曾以地藏菩薩為主尊，其形象多為舒相坐式的菩薩形。密宗興起後，胎藏界曼荼羅中繪有地藏院，與地藏有關的題材也流傳開來。這時的地藏菩薩，多作沙門形，右手持錫杖，左手持摩尼寶珠。有的持錫杖沙門形地藏菩薩像兩旁，侍立一比丘、一長者像。這是由於相傳唐代新羅（今朝鮮東南部）一王子出家，名叫金地藏，後來到安徽九華山，受到當地閔長者（閔公）的供養。閔公之子從金地藏出家，法名道明。後人稱金地藏為地藏菩薩化身，閔公和道明為地藏菩薩脅侍，而九華山成為地藏菩薩的應化之地。

閻王為閻羅王（閻魔王）的簡稱，為地獄王。據成都大聖慈寺沙門藏川述的《佛說預修十王生七經》（《十王經》），地獄有十王，即秦廣王、初江王、宋帝王、五官王、閻羅大王、變成王、泰山王、平等王、都市王、五道轉輪王。

地藏菩薩造像，龍門石窟初唐時已經出現。盛唐以來，地藏菩薩像漸多，龍門、莫高窟、四川石窟都有其造像。這時，地藏像多與阿彌陀佛、觀世音菩薩像同龕造出。晚唐時，地藏與十王變壁畫和雕像出現於莫高窟和四川資中石窟。五代以後，地藏菩薩像常與十王像、六道輪迴或地獄變一道成組出現。這表明，當時人們供奉地藏菩薩像，主要是因為它具有解脫六道眾生免受地獄之苦的職能。因此，四川安岳石窟、重慶大足石窟、內江石窟和杭州資雲嶺北龕，宋代都造出地藏菩薩與十王變和地藏菩薩與六趣輪迴變。這種題材最完整的組合，是重慶大足寶頂山大佛灣摩崖石刻。該處上層刻出地藏菩薩，兩旁各刻五王。下層刻出十六地獄變相。這組大幅浮雕，場面宏大，雕工精細，是南宋雕刻佳作。

◄ 九華山祇園寺。

► 《地藏十王圖》之「宋帝王余」。作者陸信忠，生卒年不詳，南宋寧波民間佛像畫家。

什麼是十二圓覺菩薩？

唐代佛陀多羅譯《大方廣圓覺修多羅了義經》中，記載有十二個菩薩，依次向佛請教修行大乘圓覺清淨境界的法門，佛便對文殊菩薩回答道：「無上法王有大陀羅尼門，名曰圓覺」。這十二個菩薩就被稱為十二圓覺菩薩。他們是文殊師利菩薩、普賢菩薩、普眼菩薩、金剛藏菩薩、彌勒菩薩、清淨慧菩薩、威德自在菩薩、辯音菩薩、淨諸業障菩薩、普覺菩薩、圓覺菩薩和賢善首菩薩。

《圓覺經》為佛教大乘各宗所重視，但該經記述修行圓覺需「大陀羅尼門」，宗密（華嚴宗圭峰大師）為該經作註疏《圓覺經修證儀》卷一中，講到圓覺道場應以毗盧遮那佛為主尊，造出文殊、普賢形象和東方藥師琉璃光佛和西方阿彌陀佛。因此，十二圓覺菩薩多以毗盧佛為主尊，成為密宗造像題材之一。

五代以來，四川等地石窟均造出十二圓覺菩薩像。四川安岳華嚴洞，正壁造出毗盧佛與文殊、普賢菩薩像，兩側壁各造五身菩薩像，應為毗盧佛與十二圓覺菩薩。造於北宋慶曆四年（一○四四年）的四川安岳圓覺洞內，正壁雕三尊像，側壁雕十二尊像，像已不存，但洞外尚有刻圓覺像題記，可知為毗盧佛與十二圓覺菩薩像。大足寶頂大佛灣南宋開鑿的圓覺洞，正壁雕三佛，正中為頭戴高寶冠的毗盧

佛，兩旁分別為藥師佛（手捧藥
鉢）和阿彌陀佛，兩側壁為十二
圓覺菩薩。大足北山一百八十
窟，正中為戴五佛冠毗盧佛，兩
側壁造十二圓覺菩薩。

▼ 大足圓覺洞。圓覺洞深達十二公尺，工匠們
　為了解決石窟的采光，在洞窟上方開了一個
　大小適度的天窗，光束穿過天窗，直射在洞
　窟四周的佛與菩薩身上，為洞窟增添了一份
　神秘氣氛，又突出了「圓覺」的主題。
▶ 重慶大足縣寶頂山大佛灣第二十九號圓覺洞
　淨業障菩薩（南宋）。坐身高一百四十公
　分，寬五十三公分，厚八十三公分。

什麼是陀羅尼經幢和經變？

經幢是中國古代的一種宗教石刻，創於初唐，盛行於唐宋，以後漸衰。幢原為絲帛製成的傘蓋狀物，於佛前立長桿懸掛。經變是佛經變相的簡稱。所謂變相，是將深奧難懂的佛經道理，以一系列故事作譬喻，變現為圖相，稱為變相或變現，簡稱為變。因為是佛經變相，叫作經變。

據《佛頂尊勝陀羅尼經》記載，幢身書寫佛經，則幢影映於人身上，可以免除一切罪垢。佛教徒多樹幢以建功德。初唐始用石刻模仿絲製的幢，現存最早實例為唐永昌元年（六八九年）陝西富平縣造佛頂尊勝陀羅尼經幢。經幢一般由幢座、幢身、幢頂三部分組成。幢身多為八面柱體，上雕佛經或佛像。佛經大部分刻佛頂尊勝陀羅尼經，個別

刻心經或楞嚴經。也有極少數刻道德經的道教經幢。現存雕刻精美、保存完整的經幢，是北宋寶元元年（一○三八年）河北趙縣幢。該幢高十五公尺，幢座雕出三層須彌座，座上有力士和伎樂，幢身雕作三段，最上一段幢身頂雕出八角城和出遊四門的佛傳教事，為經幢雕刻的典型作品。

四川五代、兩宋的石窟中，陀羅尼經幢多與各種密宗題材成組出現。大足北山二八一窟造像記為：「敬鐫造藥師琉璃光佛、八菩薩、十二神王部眾，並七佛、三世佛、阿彌陀佛、尊勝幢一所，兼地藏菩薩三身，都共一龕」。龕內經幢為八面柱形，幢頂雕十八角亭閣，簷下每面刻一坐佛，幢身刻「佛頂尊勝陀羅尼經」。幢造型小巧精緻，並與多種密宗像同處一龕，為這一時期的特徵。

密宗經變畫現存不多，主要是敦煌莫高窟晚唐至宋代的「密嚴經變」和「佛頂尊勝陀羅尼經變」。《大乘密嚴經》有兩種譯本，即武周時地婆訶羅初譯本和盛唐時不空重譯本，均為三卷。該經記佛於密嚴世界密嚴場中，對如實見、金剛藏二上首菩薩，講說法性問題。莫高窟八五、一五○、六一、五五等窟中，繪有密嚴經變，主要場面是密嚴道場會上佛說法圖。

安史之亂後，不空於長安大興善寺重譯《密嚴》和《仁王護國經》二部，代宗親為作序，並下令於資聖、西明二寺，各請百法師、置百座，講誦這兩部新經。不空赴外地傳法，常誦《密嚴》、《仁王》及《陀羅尼》諸經，為國祈福消災。《仁王經》還被繪成《仁王曼荼羅》。可見密宗之重視這三部經，除了宗教需要，還是最高統治者所願意祈求的，有著重要的政治原因。

◀ 敦煌壁畫極思經變中的舞蹈圖（中唐一百一十二窟）。舞蹈者肩披綵帶，腹部裸露，赤足，腕部戴著系有小鈴鐺的鐲子，其舞姿明顯具有外來舞蹈風格的影響。

▲ 觀無量壽佛經變像，重慶大足寶頂山大佛灣第十八號觀無量壽佛經變像。頂高八‧一公尺，全像寬二十公尺。如此規模巨大的觀無量壽佛經變像中國獨一無二。

什麼是藥師經變？

隋朝達磨笈多譯《藥師如來本願功德經》中說，東方淨琉璃世界，有佛名藥師琉璃光如來，「憶念名稱則眾苦咸脫，祈請供養則諸願皆滿，至於病士求救應死更生，王者禳災轉禍為福，信是消百怪之神符，除九橫之妙術矣」。據說，當他作菩薩時，曾發十二大願以解救眾生。成佛後，凡敬藥師名，可免除九橫死的厄運。因此，密宗中多造出藥師像。

莫高窟隋代就有了藥師三尊的壁畫，正中繪東方藥師佛，兩旁二菩薩為藥王、藥上菩薩或日光、月光菩薩。唐代壁畫中，出現了簡單的藥師變：藥師佛捧缽居中，眷屬中有十二藥叉神將，樂舞旁有燈輪。大足北山五代時二七九、二八一窟造像，屬於此類。正中藥師佛倚坐，左右弟子持錫杖和藥袋，日月光菩薩和八大菩薩脅侍，佛座下雕十二神將。這十二神將是宮毗羅、跋折羅、迷法羅、安捺羅、安恆羅、摩涅羅、因陀羅、波異羅、摩呼羅、莫大羅、抬度羅和鼻羯羅。

較複雜的藥師經變，莫高窟壁畫始見於盛唐，是在藥師經變兩側，畫九橫死和十二大願壁畫各一列。從吐蕃時代起，莫高窟中還將九橫死和十二大願以獨立的形式繪在壁面或龕內屏風上。四川安岳千佛九六窟，藥師佛左右雕八大菩薩，兩側壁面分雕九橫死和十二大願，龕下雕十二藥叉，這是中國僅存的複雜的藥師變石雕作品。

九橫死見於《九橫經》，表現患病無藥而死、王法誅戮死、鬼怪奪精氣死、火燒死、水溺死、惡獸吞食死、墜崖死、中毒死、飢渴死等九種非正常死亡事。十二大願指藥師佛誓願：自身他身光明熾盛、眾生安立大乘、眾生行梵行、眾生諸根完具、除一切眾生病、眾生轉女成男、眾生擺脫天魔外道纏縛、眾生解脫惡王劫賊橫難、飢渴眾生得上食、貧乏無衣眾生得妙衣。

◀ 清代銅鎏金藥師佛像。

什麼是孔雀明王？

　　孔雀明王是一種非忿怒相的明王。一面四臂，騎金色孔雀，是毗盧遮那的等流身（密教四身之一，佛身變現與人天畜類同形）。不空譯《大孔雀明王畫像壇場儀軌》中，這樣描述孔雀明王的形象：「於蓮華胎上畫佛母大孔雀明王菩薩，頭向東方，著白繒輕衣，頭冠瓔珞耳環臂釧，種種莊嚴。乘金色孔雀，結跏趺坐白蓮花上或青綠花上。住慈悲相，有四臂」。

　　孔雀經法是密宗四個大法之一。敬事孔雀明王，主要有祛災、祈雨等好處。從宋代開始，四川石窟等地造出這類造像。大足北山於北宋靖康元年（一一二六年）開鑿的一百五十五窟，主像鑿孔雀明王像，頭戴花冠，胸飾瓔珞，身有四臂，坐蓮座上，蓮台托於孔雀背上。大足石門山第八窟孔雀明王像，也是宋代作品。大足寶頂大佛灣孔雀明王窟中，主像雕造孔雀明王像，主像側壁刻天王、藥叉、阿修羅等像，窟側壁刻比丘莎底砍柴被蛇蛟傷，悶絕於地，阿難告知佛，為說孔雀明王經而獲救。這段故事，見於唐義淨譯《佛說大孔雀咒王經》可知該窟為孔雀明王經變相。

▶ 重慶大足縣大佛母孔雀明王像窟，北山佛灣第一五五號大佛母孔雀明王像窟（北宋）窟高三·五公尺，寬三公尺，深六公尺。

什麼是密理瓦巴像和大黑天？

浙江杭州飛來峰的密理瓦巴像，具有明顯的藏傳佛教造像特點。平江路僧錄造出此像一堂，以表示對薩迦派和八思巴的崇信。

杭州飛來峰石窟有一龕造像，正中雕一裸體蟠腹、伸右手踞坐的僧造像，像前有一骨灰缸，缸前有二供養人。造像題記為：「平江路（今蘇州市）僧錄□□□謹發誠心施財，命工刊造密理瓦巴一堂」，可知此像為密理瓦巴像，造像者為元代平江路僧錄。

元代，西藏佛教薩迦派興盛，該派五祖大師八思巴受元世祖忽必烈尊崇，授「帝師」號，統領天下釋教。此後，薩迦派密教，在內地盛行起來。飛來峰造像系元代釋教江南都總統楊璉真伽所首創經營，而藏傳佛教的秘密祖師像，多為裸體、坐立自由的形象，故密理瓦巴像可能是薩迦派的大師即傳乘師。

杭州西湖東岸寶成寺內，亦有一較特殊的元代造像，該像戴冠，蓄捲鬚，鼓腹箕踞，遍身掛骷髏。像兩側雕刻騎獅文殊菩薩和騎象普賢菩薩像。造像題記作：「朝廷來官驃騎衛上將軍□左衛親軍都指揮使伯家奴，發心捨淨財，莊嚴麻曷葛剌聖相一堂，祈福保佑宅門光顯，祿位增高，一切時中吉祥如意者」。

麻曷葛剌即摩訶迦羅，漢譯為大黑天，為密宗護法神。據唐義淨《南海寄歸內法傳》、神愷《大黑天神法》等記載，大黑天為守護三寶、司飲食等的護法神，示現黑色忿怒相，以骷髏為瓔珞，形像有一面八臂、三面六臂等。此外，大黑天神還可授人世間富貴及官位爵祿。伯家奴造此像即為祈求「宅門光顯，祿位增高」。

中國現存大黑天像，還有大理崇聖寺主塔（千尋塔）塔頂中發現的三件大黑天神像，同出的金剛杵杵頂上也飾有大黑天神像。像作三面六臂忿怒相，肩、臂纏蛇，披骷髏瓔珞。千尋塔始建於晚唐，當時南詔國盛行密教阿叱力（阿闍黎）派，大黑天為當地信奉的護法主神。這批十一～十二世紀的佛教文物，是研究南詔佛教史的實物資料。

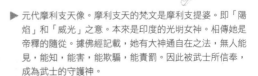

▶ 元代摩利支天像。摩利支天的梵文是摩利支提婆。即「陽焰」和「威光」之意。本來是印度的光明女神。相傳她是帝釋的隨從。據佛經記載，她有大神通自在之法，無人能見，能知，能害，能欺騙，能責罰。因此被武士所信奉，成為武士的守護神。

四天王中爲什麼最盛行毗沙門天王像？

佛教所幻造出的天，是清淨光潔的去處。六趣（天、人、阿修羅、地獄、餓鬼、畜生）之中，天爲最勝最尊的世界。

佛教把生死輪迴的生存界，分爲欲界、色界和無色界，三界中各有若干天，每一天中，有一天王。佛天王造像主要是欲界（如四天王天、忉利天、夜摩天）和色界（如大梵天、大自在天）諸天。天神爲佛的護法類，石窟中所造以四天王爲多。四天王居須彌山四隅，即東方持國天王，南方增長天王，西方廣目天王，北方多聞天王。四天王既爲佛的護法神，又表示四方方位，各護一方天下。

北方多聞天王，又稱毗沙門天王。原爲西域于闐國（今新疆和田）的護國

天神，于闐王自稱是毗沙門天王的後代。傳入中原內地後，造像漸多。然其在中國大盛，是由於唐玄宗天寶年間，經密宗創始人不空的大力宣傳而興起的。不空所譯《北方毗沙門天王隨護法儀軌》中，該天王有「晝夜守護國王大臣及百官」之職。該經尾題後有一段記事，稱：天寶元年，大石、康居等國圍安西城（今新疆庫車縣），安西奏表請兵。因安西路遠，救兵難到，玄宗請不空作法，召毗沙門天王神兵應援。神兵擊退來兵，玄宗宣付十道節度所在地，都要置像供養。

關於毗沙門天王的故事和畫樣，最初可能即從安西傳入。新疆伯孜克裡石窟和敦煌莫高窟壁畫中，繪有許多毗沙門天王像，都是單獨繪出，作主像供養。戴冠，著甲冑，手托塔，腳下踏夜叉。毗沙門天王信仰，自此廣爲傳佈，奉爲護國、護軍的保護神。四川資中西巖三四窟毗沙門天王像的建造年代爲五代天成四年（九二九年），由資州刺史等一批地方官吏眷屬出資捐建，像已不存。碑文中記述，天寶初和咸平中，吐蕃和南詔兩次犯境，兵逼成都城下，局勢危急，幸賴天王神威，兵退圍解。

◀大足毗沙門天王佛龕。
▶四部醫典掛圖。

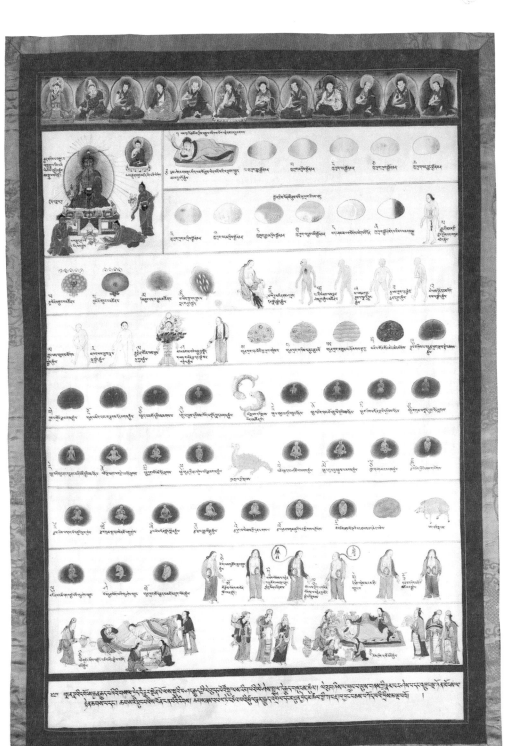

中國現存哪些初唐密宗造像？

　　中國現存的初唐密宗造像不多。河南龍門石窟擂鼓台北洞外側劉天洞，鑿於天授三年（六九二年）。該洞下層正壁雕出大日如來像，頭戴寶冠，袒右肩，飾項圈和臂釧，結跏趺坐於束腰圓蓮座上。這是中國最早的大日如來像。

　　隋和初唐時的譯經師，如闍那崛多、菩提流志、義淨、玄奘等人，都曾譯出以經咒為主的密典多部。如闍那崛多譯《東方最勝燈王如來經》、菩提流志譯《千手千眼觀世音菩薩姥陀羅尼身經》、義淨譯《莊嚴王陀羅尼咒經》等。玄奘所譯密典有十部，如《十一面觀世音神咒經》、《不空索神咒經》、《藥師琉璃光如來本願功德經》等。初唐時，中國密宗雖還尚未正式形成，但這些譯作對密教在中國的傳播卻有推動作用。初唐時中國開始出現的一些密宗造像，很可能與此有關。

　　敦煌莫高窟初唐密宗壁畫，主要是十一面觀世音菩薩像，見於三二一窟和三三四窟東壁。十一面觀世音菩薩為六觀音之一，頭上有十一面，除頭頂正面為如來相外，其餘十面，前三面為寂靜相，左三面為利牙出現相，右三面為威怒相，後一面為笑怒相，這十面表示修行的「十地」。手臂有雙臂和四臂等。敬造十一面觀世音，可達到除病、滅罪的目的。因此，敦煌莫高窟等處造出了這種造像。

◀ 唐代虛空藏菩薩像。《觀虛空藏菩薩經》說，此菩薩頂上有紫金色如意珠，珠中可觀十方諸佛像。他的形像有多種，在金剛界曼荼羅內，作為賢劫十六尊者之一，又名金剛幢，或金幢。

▶ 唐代力士。

敦煌現存主要密宗題材是什麼？

敦煌莫高窟初唐時已造出十一面觀世音菩薩等密宗造像。開元年間密宗創建後，密宗造像漸多。

敦煌位居河西四郡（武威、張掖、酒泉、敦煌）的西陲，是古代絲綢之路上的重鎮。由於它扼玉門、陽關兩座關隘，西通蔥嶺，東接走廊，成為古代中西交通的重要孔道。外國僧人經過西域進入內地，敦煌是必經之地。因此，前秦建元二年（三六六年），這

裡就有了鑿窟設像的記載。

文獻記載，安史之亂前夕，不空應河西節度使哥舒翰奏請，率弟子親赴武威，設大壇場，傳授五部灌頂金剛界大曼荼羅法，所度者甚眾。莫高窟盛唐以來密宗題材壁畫突然增多，很可能曾受到不空河西傳法一事的影響。這裡現存的唐至宋代的密宗壁畫題材，主要有千手千眼觀世音菩薩（七九、一一三、一四八等窟）、千臂千缽文殊菩薩（二三八、二五八、三六一等窟）、不空索觀世音菩薩（一四八等窟）、如意輪觀世音菩薩（一四八等窟）、東方藥師經變（一四八、二二〇等窟）、地藏與十王變（三七五、三七九、四五六等窟）、佛頂尊勝陀羅尼經變（五五、四五四窟）、密嚴經變（六一、八五、五五、一五〇等窟）以及多幅毗沙門天王像等。

西夏流行密宗。宋高宗紹興二十九年（一一五九年），西夏李仁孝遣使去西藏迎請傳教大師，格西藏瑣布隨使者攜經像至西夏，被奉為上師，密教遂盛行於河西。因此，西夏統治瓜、沙時期的敦煌莫高窟和安西榆林窟，都造出密宗尊像。榆林窟出現窟中央設壇的「秘密堂」和千手千眼觀音變、文殊普賢變、曼荼羅畫等。到了元代，莫高窟繼續開鑿密宗洞窟（如三、十、四六五窟等）。四六五窟被稱為「秘密寺」，第十窟壁畫為元代早期的密宗曼荼羅佛、菩薩、故事畫等金剛乘藏密畫派。中國現存元代薩迦派佛教藝術，以莫高窟壁畫較早而完整。

◀ 唐代石燈幢。▲ 榆林窟二五窟壁畫騎獅文殊菩薩像。

密宗造像爲何盛行於四川，四川石窟中的密宗傳承是什麼？

中國北方的石窟藝術，由於唐武帝、後周世宗兩次廢佛事件以及安史之亂的沉重打擊，寺院經像被毀，佛教徒避難南方，北方佛教從此一蹶不振，北方的石窟造像也呈現衰落之勢。石窟造像的重心，南移到以四川爲代表的南方地區。

在這個時期，南方，特別是西蜀和南唐，由於社會相對安定，地方富庶，經濟繁榮，形成金陵、成都的昌盛。唐玄宗和僖宗兩度入蜀，帶來大批經像、文人畫士和佛教徒。給原來已有一定造像傳統的四川地區，注入了新的活力。宋代以後，南方社會經濟的發展更超過北方。五代和兩宋，四川等地的繪畫、造像藝術達到了一個新的階段。西蜀首設翰林國畫院，「蜀中雖僻，而畫家獨多於四方」。四川首次雕印佛經大藏，成都大聖慈寺成爲

名噪一時的大寺。川北、川中和川西三大石窟區，窟龕密佈，時代連綿，在中國的五代、兩宋石窟中，無論是窟龕總數還是造像精萃方面，都居於領先地位。四川石窟藝術的特點，如多密宗造像、多大佛、多道教和三教造像、多五代和兩宋遺珍、多整體規劃的大石窟等，都得到充分的展現。

四川石窟藝術以晚唐、五代和兩宋，爲其發展的盛期。正當北方石窟趨於衰微之時，四川石窟以其成熟的民族形式，鮮

明的世俗特點，濃郁的地方氣息，豐富的題材內容，崛起於南方。

這是由於晚唐以後密宗大量傳入四川，形成具有地區特色的密宗傳承系統，極大地刺激了四川的造像、刻經等宗教活動。同時，宋代首先從四川興起的水陸法會及其水陸繪畫，其中也包容了不少密宗經像的內容。就這樣，在晚唐以後四川特定的社會環境和歷史背景中，掀起了四川密宗造像的高潮。

四川石窟中的密宗傳承可以簡述如下：

密宗在什麼時候傳入四川，目前掌握的線索不多。我們知道，密宗胎藏、金剛兩部密法中，以金剛界傳承較盛。金剛智傳不空，不空門下弟子號稱「六哲」，而以惠果承其法脈。青龍寺惠果光耀宗門，「法燈滿界，流派遍域」。密宗的興起和流傳，首先在長安和洛陽兩京地區，然後西至河西走廊，北至太原、五台。其南傳弟子，據日本僧人空海撰《大唐神都青龍寺故三朝國師灌頂阿闍黎惠果和尚之碑》等史料記載，其中有「劍南惟上」，一作「成都惟尚」，說惟上求法是「欽風振錫，渴法負籍」。惟上（惟尚）學成後是否返川，尚不可得知，但四川成都一帶曾派人往京師學密法，卻是事實。成都唐墓中，曾出土成都府卞家印的梵文陀羅尼經，說明密宗已在當地傳佈。《資治通鑑》卷九○八記載，五代時：「蜀主（王建）登興義樓，有僧抉一目以獻，蜀主命飯萬僧以報之」，從這僧人的行為看，應為密宗僧。又據《益州名畫錄》記載，成都大聖慈寺為一代名剎，其規制宏大，總共有九十六院，晚唐時有壁畫萬幅，宋時還有屋宇八千餘間，其中有不少密宗題材的壁畫和塑像，如毗盧佛、十一面觀世音菩薩、北方毗沙門天王等。至少從晚唐以

◀ 大足石刻寶頂山遠景。

▲ 重慶大足石刻釋迦牟尼與弟子像。寶頂山大佛灣第十一號釋迦牟尼涅槃石刻（俗稱「臥佛圖」）。釋迦像長三十一公尺，肩寬七公尺。

來，大聖慈寺已是密宗的活動重鎮。宋代，大聖慈寺沙門藏川撰述的《佛說十王經》曾廣為流布，成為繪塑地藏與十王變題材的經本。

唐末五代，正當中原北方密宗法脈幾近斷絕時，四川卻出現了一位祖師式的密宗傳教人物—柳本尊（八五五～九四二年）。柳本尊宗金剛部密法，主要行化於四川一帶。到了南宋，四川大足又有趙智鳳（一一五九～一二四九年）傳教。趙智鳳秉承柳本尊法脈，一系相傳，首創大足寶頂山密宗金剛部道場，主要活動於川中一帶。這樣，從唐末至南宋，從四川到川中，在幾乎近四百年的時間裡，密宗在四川盛傳不衰。現存以密宗題材為主的大批石窟造像，便是最好的證明。晚唐以後密宗（以金剛部為主）在四川的傳播，確實已達到了相當的規模。

實際上，從川北廣元石窟和巴中石窟看，盛唐以後就已陸續造出一些密宗造像。廣元和巴中石窟，分別位於北方關中通往四川的兩條交通要道—金牛道和米倉道上；川中石窟中刻經的經本，甚至雕像的工匠，也有的來自中原北方；四川石窟的題材、技法，與敦煌莫高窟有許多相同之處，也有不少相互學習、交相影響之處。這些，都足以說明四川石窟中的密宗傳承，主要是來自中原北方，特別是西京（長安）、東京（洛陽）地區。四川石窟的密宗體系，是秉承兩京密宗流緒，並加以發揚光大的。

與四川石窟同時或稍晚開鑿的雲南大理劍川石窟，是南詔、大理時期石窟（始於盛唐，主要為宋代），應該說主要是受到了四川石窟的影響。縱觀石窟遺存，探討密宗在中國的傳播途徑，確實是一個有意義而尚待發掘的課題。

▲ 大足妙高山四號觀音像。
▶ 大足父母恩重經變。

柳本尊、趙智鳳的事跡有哪些？

　　晚唐以後密宗在四川傳播的關鍵人物，是四川密宗史上兩位承前啓後的祖師——柳本尊和趙智鳳。在他們活動的時期內，四川出現了密宗石窟造像的高峰。因此，有關柳本尊和趙智鳳的材料，是中國佛教史（特別是密宗史）和造像史上的重要發現。

　　柳本尊，嘉州（今樂山市）人，奉佛法，為居士。《唐柳居士傳》稱他「蔬食布衣，律身清苦，專持大輪五部神咒，蓋瑜伽經中略出念誦儀也」。按《金剛頂瑜伽中略出念誦法》四卷，金剛智譯，為密宗金剛部主要經典之一。大足寶頂山大佛灣刻有「唐瑜伽部主總持王」和「六代祖師傳密」題刻，都是指柳本尊。這是說柳

為金剛部主、六代祖師。柳本尊傳教事跡，除碑史材料，還有大足寶頂和安岳毗盧洞兩處「十煉圖」石刻，為四川密宗史的寶貴史料。十煉，指煉指、立雪、煉踝、剜眼、割耳、煉心、煉頂、斷臂、煉陰、煉膝，說明柳傳教以誦經唸咒、自殘形骸為主。柳本尊先後在成都、彌牟（今新都）一帶傳教，受到蜀主王建嘉賞和地方官吏的支持，「四方道徒雲集座下，授其法者益眾「。他死後，被稱為本尊，建本尊寺院，後唐明宗、宋神宗等皇帝賜額如故。

　　柳本尊死後，門徒繼其法統，但無特殊貢獻者。直至趙智鳳出世，重振門風，密宗金剛部又一度大盛。趙為大足縣米糧裡沙溪人，年屆十六，西遊蜀都，於漢州彌牟「聖

壽本尊院」學柳派密法三載，成為又一代傳法阿闍黎，門人亦稱他「趙本尊」。趙智鳳在寶頂山營建大型石窟道場，振興密宗。他生當宋世，禪宗、理學興盛，於是大膽改革瑜伽教舊規，「發宏誓願，普施法水，御災捍患，德洽遠近，莫不皈依」，使寶頂成為南宋的密教中心，當地相傳「上有峨嵋，下有寶頂」之說。他所主持經營的寶頂山大佛灣造像，「凡釋典所載無不備列」，「幾乎將一代大教搜羅畢盡」，題材內容以密宗為主，還有表現孝養故事的《父母恩重經變》、淨土題材的《觀無量壽經變》、表現禪宗思想的《楊次公證道牧牛頌》等。趙智鳳能審時度勢，銳意改革，正是他取得成功的重要原因。

我們從四川石窟中密宗造像之盛和大足、安岳柳本尊、趙智鳳行化道場規模之大，可以看出，晚唐以來四川密教之興盛，與他們弘傳教義、發展教勢的努力，是分不開的。

◀ 柳本尊像。
▲ 柳本尊行化道場。

大足密宗石刻有哪些特點？

　　大足寶頂山密宗石刻造像是一個龐大的密宗道場，它既追求形式上的美感，又注重內容的準確表達，充分表達了其所顯示的故事內容和宗教的哲理。

　　密宗在中國盛行於西元八世紀，流行於黃河流域。至九世紀初，密宗在中國漸至衰落。但是從九至十三世紀，密宗在四川不僅未見絕跡，而且處於興盛的局面。九世紀末，四川西部的柳本尊自創密宗，號稱「唐瑜伽部主總持王」，苦行傳道，弘揚大法。十二至十三世紀中葉間，高僧趙智鳳承持其教，號稱「六代祖師傳密印」，在大足傳教布道，創建了寶頂山摩崖造像這座完備而有特色的密宗道場，從

而把中國密宗的歷史往後延續了四百年左右。

　　在佛教石窟藝術方面，自三世紀從印度傳入中國後，中國北方分別於五世紀和七世紀前後（魏晉至盛唐時期）形成了兩次造像高峰（典型成就是山西大同雲岡石窟和河南洛陽龍門石窟），但至八世紀中葉安史之亂後走向衰落。此時，位於長江上游的大足石刻形成了中國石窟藝術史上的又一次造像高峰。此後，中國石窟藝術

停滯，其他地方未再新開鑿大型石窟，大足石刻也就成為中國石窟藝術史上最後的一座豐碑。

　　大足寶頂山密宗石刻位於重慶大足縣城東北，與附近的聖壽寺、小佛灣、舍利塔、山路旁的造像等共同形成了一個龐大的密宗道場。寶頂山密宗石刻由南宋時期密宗名僧趙智鳳主持開鑿，南宋淳熙六年（一一七九年）開工，淳祐九年（一二四九年）完工，歷時七十年。大足寶頂山大佛灣造像群是在長約五百餘公尺、高約十五公尺的山谷崖壁上，按照統一的計劃、周密的設計完成的。雖然歷時七十年，但全部造像是一個內容豐富、變化多端的整體。其中，著名的是第八號千手千眼觀音菩薩像、第十三號孔雀明王窟、第十四號毗盧道場窟、第一五號摩崖父母恩重經變相、第十七號大方便佛報恩經變相摩崖、第二十號摩崖地獄變相、第二一號柳本尊苦行摩崖、第二九號圓覺洞和第三十號摩崖牧牛圖等。這些造像變相與變文並舉，圖文並茂，佈局構圖嚴謹，教義體系完備。

◀ 大足觀音變相圖。
▲ 圓覺菩薩胸飾瓔珞。

杭州飛來峰和北京居庸關元代造像為什麼重要？

藏傳佛教是印度密教與西藏本土原始宗教苯教結合的產物，唐代興起於西藏，此後逐漸向外傳播，形成包括現西藏、青海、四川、內蒙等地區的藏傳佛教系統，亦稱藏密。藏密藝術的早期遺存不多，現存以元代以後為主。

元代初期，元世祖忽必烈為擴大其政治勢力，利用創建於西元十一世紀的藏傳佛教薩迦派，以藏傳佛教為國教，封薩迦派大師八思巴為帝師，薩迦派及其造像傳播到內地。元世祖又召尼波羅國（今尼泊爾）工匠阿尼哥到大都（今北京），授職「八匠總管」，「凡兩京（大都和上都）寺觀之像，多出其手」。於是，在西藏興起的藏傳佛教造像，在中國先流行於兩都地區，不久即盛行東土。中國現存的元代

藏密造像，除西藏和莫高窟外，以飛來峰與居庸關造像最著名。

北京居庸關是元大都的西北屏障，為了祈求國都平安，元至正五年（一三四五年）在關城內興建了三座喇嘛式過街塔（雲台），這是北方現存不多的喇嘛式建築之一。塔已毀，僅存塔基。塔基卷面及卷洞中，浮雕出迦樓羅鳥、四天王、尊勝佛頂曼陀羅、十方佛、千佛等造像，還有用梵、藏、八思巴、維吾爾、漢和西夏等

六種文字書刻的《陀羅尼經咒》等，是不可多得的元代雕刻珍品。

杭州是南宋故都。元初，世祖委用楊璉真伽為江南釋教總統，楊為取悅當朝，首創營建杭州飛來峰元代造像。其用意，寓有製作新朝造像以厭勝（壓制、降服之義）南宋故都風水的政治因素。飛來峰現存元代漢、藏式造像共六十七龕、一百一十六尊，其中藏密像多造於元初。造像題材可分為佛像、菩薩、佛母和護法幾大類。佛像雕刻藏密五部佛主，如毗盧佛、寶生佛、無量壽佛、釋迦佛、勝初佛

（大持金剛）等。菩薩像有金剛薩埵（普賢菩薩）、文殊師利、獅吼觀音、多羅菩薩等。佛母有大白傘蓋、尊勝佛母等。護法像有大黃財寶護法、布祿金剛、雨寶佛母、金剛手菩薩等。此外還有密理瓦巴像，似為薩迦派傳教祖師。這是中國現存最集中的一批薩迦派造像。

◀ 居庸關四大天王像之一。
▼ 浙江杭州飛來峰彌勒佛。

西安青龍寺惠果在中國佛教史上有什麼貢獻？

惠果（七五二～八〇五年），俗姓馬，京兆萬年縣（今長安縣）人。他秉承金剛、胎藏兩部密法，加以融會貫通，建樹「金胎不二」的思想，成為不空法嗣中的俊傑。

惠果九歲從不空弟子青龍寺曇貞受學，後於青龍寺剃染，慈恩寺受戒。唐大曆元年（七六六年），從不空受兩部大法及傳法阿闍黎位，又從善無畏弟子玄超學胎藏界密法。因此，金剛昇不空之後學貫兩部秘法者，只有惠果一人。唐代宗令惠果於青龍寺東塔院建毗盧遮那灌頂道場，並以惠果為內道場（宮中修道場）護法僧，德宗、順宗也優禮惟渥，得以出入庭掖，榮耀加身，後世稱為三朝國師。

不空去世後，惠果是第一位傳法阿闍黎，在青龍寺東塔院廣度僧俗，中外聞

名。他的嗣法弟子，不僅有中國高僧，還有國外的求法僧。青龍寺在中外佛教交流史上，佔有重要的地位。

從惠果學法的外國僧人，有訶陵國辨弘、新羅國惠日和悟真。辯弘學成後留住汴州（今開封市），惠日歸國後廣弘大教。日本國僧人空海，歸國後教法弘盛，被稱為日本東密初祖。

惠果中國的嗣法弟子，有劍南惟上、河北義明及義操、惠應、惠則等人，其中以義操一支傳通較盛，綿延較久。義操下傳法全、義真、大遇、海雲等人，法全又傳智滿、文懿及日本僧宗睿、圓載、圓珍、圓仁等人。惠果不僅是不空之後傳播密宗最得力人物，而且經他傳授密宗東渡日本，建立真言宗，法系不絕，傳承至今。這是中日佛教交流史上的一段佳話。

◀ 青龍寺綠樹成蔭，景色優美。
▲ 空海紀念碑。

什麼是日本東密和台密？

唐貞元二十年（八○四年），日本國僧人最澄和空海，隨平安朝遣唐使藤原葛野麿到中國求法。回國後，最澄在比睿山創立日本天台宗並成為台密的創始人。空海在高野山創立日本真言宗，後被稱為「平安二宗」。為與最澄創立的台密區別，空海創立的密宗被叫做東密。

最澄（七六七～八二二年），日本近江滋賀人，十六歲出家，後又在東大寺受具足戒。最澄性愛山林，與當時寺院多建於市街鬧市不同，他在家鄉比睿山中建立寺院，被稱為「山嶽佛教」。他一直在深山野坳中鑽研唐朝僧人帶到日本的天台宗經典。入唐後，最澄到天台山學法，先後從道邃、行滿、悠然、順曉等人受學，學得天台宗、禪宗、密宗等各派教義。其中密宗是從龍興寺順曉學習。第二年秋，最澄攜帶大批佛經、佛像等回國。此後，最澄獲准天台法華宗為獨立宗派，以比睿山寺為本寺，創立日本天台宗。最澄死後，被授予弘教大師名號。日本僧圓仁（慈覺大師）和圓珍，分別於唐開成三年（八三八年）和八五三年（大中七年）入唐求法，從青龍寺義真、法全等學習密法，回國後大弘密宗。最澄、圓仁和圓珍因創建日本天台密宗的貢獻，被稱為「台密三流」。

空海（七七四～八三五年），日本國贊岐（今香川縣）人，三十一歲入唐求法，回國後被賜予東寺（教王護國寺），為真言宗根本道場，因稱東密。

◀ 日本京都清水寺三重塔，該塔建於西元八世紀晚期。清水寺由中國唐代玄奘大師的弟子慈恩所建。

空海在日本佛教史上地位如何？

空海出生於日本豪族之家，從小受儒學薰陶，博覽經史，尤善佛書，後於奈良東大寺受具足戒，改名空海。曾著《三教指歸》，並讀《大日經》，多有疑難，遂興入唐求法之志。

西元八○四年，空海隨遣唐大使籐原葛野到達長安。在長安期間，空海遍訪大德，後於青龍寺東塔院拜惠果問學求法，相談甚契。惠果親自為空海灌頂，並將兩部大法及諸尊瑜伽全部傳授空海，授予他遍照金剛密號。惠果還令供奉丹青李真等人圖繪胎藏及金剛界曼荼羅十鋪，希望空海帶回日本，「早歸本鄉，以奉國家，流布天下」。空海果然沒有辜負惠果嫡傳付法、光流海外的殷切期望，留學期間抓緊每一日光陰，認真鑽研佛學，盡力搜求密宗經像。他還學習梵語、增益詩文寫作才能，提高書法技能，收集有關文學、天文、醫學、工藝、美術等方面的古今名本。空海不僅是一個虔誠熱心的求法僧，還是一個肩負重任的文化使者。在他滯唐一年多時間中，與中國僧俗建立了深厚情誼。元和元年（八○六年），空海為惠果送葬後，就隨遣唐使船，踏上了歸國的旅途。

空海帶回日本的佛教經論，共二百一十六部、四百六十一卷，其中有不空等新譯經一百四十二部、二百四十卷。還有梵文《真言贊》、兩界曼荼羅、祖師影像、真言道具及惠果傳法的付囑物（佛舍利等）等多件。這些珍貴的中國文物，至今大多保存於日本，成為研究中日文化史的重要資料。

空海回國後，得到嵯峨天皇弘通密宗的敕許，在高雄山寺（京都市西郊）立壇授法，弘傳密宗，聲譽大振。後與弟子營建高野山金剛峰寺。天皇又下詔將東寺贈予空海，作為真言宗的根本道場，贈號「教王護國寺」。空海仿唐朝設內道場作法，在仁明天皇宮中設真言院。唐大和九年（八三五年），空海於金剛峰寺去世，後追賜大僧正法印大和尚，諡號弘法大師。

空海一生著述頗豐，主要有《即心成佛義》、《密藏寶鑰》、《十住心論》等。《十住心論》為真言宗判教理論，以此確立真言密宗作為宗派的地位，又被稱為「平安二宗」（一宗為最澄建立的天台宗）。空海以書法聞名，其代表作是寫給最澄的三封信，即「風信帖」。嵯峨天皇、桔逸勢、空海這三個平安朝初期的書法名手，被稱為「三筆」，他們的書法真跡，珍存至今。空海曾在京都開創「綜藝種智院」，為推廣平民教育做出貢獻。他的《篆隸萬象名義》，為日本最早的辭書。空海門下弟子眾多，以十大弟子為最，其中首推實慧和真雅。從此日本密宗得以法脈興隆，枝繁葉茂，空海創業之績，功不可沒。

法門寺出土文物與晚唐密宗有什麼關係？

陝西扶風縣法門寺，古稱阿育王寺，以寺中藏有釋迦牟尼佛舍利的「護國真身寶塔」聞名於世。唐代從唐太宗開始，每三十年開塔一次，共有七代皇帝前往迎奉佛骨，盛極一時。

法門寺既是皇室內眷進行佛事活動和供養祈願的重要場所，又是皇帝七迎佛骨、祈求國運昌隆的總道場，具有相當於宮寺、國寺的雙重身分。全寺共設二十四院，各宗兼備，諸門總設，是唐代長安佛教各宗派的會聚之處。這些特點，賦予了法門寺佛教獨具特色的典型性格。

一九八二年以後，在瀕臨倒塌的塔身上，陸續清理出佛經、佛像等多件。一九八七年春，正式發掘寶塔地宮，獲得了震驚中外的重大發現。發現的詳細情況，尚有待於正式考古發掘報告的發表。據初步瞭解，共出土各種金銀器一百餘件，琉璃、珍珠、寶石、玉器、瓷器和漆器等四百餘件，還有大量的絲織品。此外，還有記載法門寺史、迎奉舍利具體組織和地宮供養清單等碑記、鏨刻等文字資料。這是歷次唐代文物出土中品種最多、等級最高的一次歷史性發現，將為研究唐代政治、經濟文化，其中包括宗教、工藝、美術等多種學科提供彌足珍貴的實物證據。

法門寺出土文物的突出特點之一，是豐富多樣的宗教文物。其中包括佛指骨舍利四枚（佛真身指骨一節，「影骨」三枚）以及各種法衣（金襴袈裟）、法器（金棺銀槨、寶函、錫杖、浴佛盆、銀香爐等）和造像。造像中有銀金塗鈒菩薩、銀金花菩薩等各種工藝作品，如六臂觀音、四天王像、捧真身菩薩（蓮座鏨刻八大明王）等。「雙輪十二環迎真身銀金花錫杖」、杖身鏨刻十二緣覺僧像。許多器

物刻有蓮花紋、迦陵頻迦紋和五鈷杵（金剛杵）等紋飾。

　　唐懿宗咸通十四年（八七三年），第七次也是最後一次迎奉佛骨。地宮中供養物，應為這次迎奉前後之物。因此這批器物中的絕大部分，為晚唐時的宮庭器物，

是研究晚唐密宗情形的第一手資料。

　　法門寺並非密宗寺院，卻出土這樣多的密宗圖像紋飾，許多還是宮中專用之物，足證密宗之普及程度。出土文物表明，當時大興善寺高僧遍覺大師智慧輪，所施物件中有金函、銀函、水碗、銀香爐等多件。其中一件瘞藏佛指影骨舍利銀函上，鏨刻有「上都大興善寺傳最上乘祖佛大教灌頂阿闍黎三藏智惠輪敬造銀函。咸通十二年」字句。按智惠輪為晚唐大興善寺住持，譯有《般若波羅蜜多心經》。他曾與學成歸國的日本僧人圓珍（台密大師）頻繁交往。唐咸通四年（八六三年），圓珍托唐商人詹景致書智慧輪。中和二年（八八二年），圓珍又托唐朝人李達致函並黃金，送智惠輪處，求賜佛經。地宮靈帳上，還刻有十餘位高僧像，旁有法號，如靜嚴、濟福、常靜、道真、玄機、傳修等人。這些資料，恐怕是密宗東傳日本後，在中國北方地區的最後消息之一了。

▲ 法門寺銅製浮屠。
▼ 陝西法門寺地宮舍利函。

雍和宮是一座什麼樣的寺廟？

雍和宮是藏傳佛教著名寺院，位於北京東城區。它建於清康熙三十三年（一六九四年），原為清世宗胤禛登基即位前的府邸。

清雍正三年（一七二五年），該府邸被命名為雍和宮。雍正十三年，清世宗的靈柩停放於此，後奉其影像於雍和宮的永佑殿（後改名神御殿），雍和宮遂成清廷供奉祖先的影堂，但大部分殿宇為僧人誦經處。雍和宮的主要建築物有三座精緻牌坊和天王殿、正殿（雍和宮）、永佑殿、法輪殿、萬福閣（萬佛樓）。此外還有東西配殿、四學殿（即講經殿、密宗殿、數學殿、藥師殿）。整個建築佈局完整，巍峨壯觀，具有漢、滿、蒙、藏民族特色。各殿內供奉的眾多佛像，造形優美，

形象生動。用金、銀、銅、鐵、錫等多種金屬製成的五百羅漢山、金絲楠木的木雕佛龕以及高十八公尺的旃檀木雕彌勒像，是雍和宮的「三絕」。藏傳佛教格魯派創始人宗喀巴的銅像也非常珍貴。天王殿後有一乾隆帝御制碑的《喇嘛說》，碑文著重敘述和考證了「喇嘛」一詞的來源以及藏傳佛教的淵源。此碑文是研究清代藏傳佛教的重要資料。

 雍和宮正殿佛。
▶ 雍和宮大佛。

外八廟包括哪些寺廟？

　　清廷從清康熙五十二年（一七一三年）至乾隆四十五年（一七八〇年），在河北承德先後建成十一組藏傳佛寺，現存八座，即溥仁寺、普寧寺、普佑寺、安遠廟、普樂寺、普陀宗乘之廟、殊象寺和須彌福壽之廟。因其位於北京和長城外，故稱外八廟。

　　外八廟建築雄偉壯觀，吸收了清代疆域內著名建築的特點，融合漢、藏、蒙等民族建築上的成功經驗於一體，創造出一大批建築、雕塑、壁畫藝術精品。例如，普寧寺建築仿照西藏桑耶寺特點，以曼荼羅聞名於世。其大乘之閣內的千手千眼觀世音菩薩木雕像，高逾二十二公尺，堪稱中國第一。普陀宗乘之廟規模最大，佔地二十二萬平方公尺，建築樣式仿照布達拉宮，其大紅台利用山勢修建，曲折錯落，並在藏族寺院基礎上，加上若干漢族建築的手法，顯得雄壯而活潑。須彌福壽之廟是為接待六世班禪來京朝覲祝壽而修建的，樣式模仿西藏日喀則扎什倫布寺。普樂寺旭光閣作重簷圓頂，下承兩層高台，周置八座琉璃小塔，和諧中寓變化。

　　部分寺院附有園林建築，利用自然山勢加以人工點綴，用以襯托立體建築，給雄偉嚴整的建築增添了生趣。外八廟建築豪華，文物資料豐富，它既是宗教活動的場所，又是政治活動的中心。清康熙、乾隆、嘉慶諸帝經常在此接待蒙古、青海和西藏的王公貴族或高僧。

▼ 承德須彌福壽廟。

劍川石窟與密宗有什麼關係？

雲南大理白族自治州劍川石窟，現存十六窟，開鑿於南詔、大理時期，相當於晚唐至兩宋時，是一處以白族等少數民族為主體的石窟。

關於佛教傳入南詔國的時間，有兩種說法，一為唐開元年間，南詔相張建成入朝，唐玄宗賜其佛像，這是中原傳入說。一為印度高僧贊陀崛多南詔時來劍川，遺教民間，這是西域傳入說。可以肯定的是，當時流行密宗「阿叱力教」（即阿闍黎，密宗傳教師），盛行觀音菩薩崇拜。劍川十六個窟中，有十三個窟雕刻以密宗題材為主的造像，其中佛像有毗盧佛、多寶佛、彌勒佛和「華嚴三聖」（毗盧佛與文殊、普賢菩薩）等。菩薩像有地藏菩薩、甘露觀音、化現觀音（觀音像旁有一犬）、立觀音菩薩等。此外，四天王像，特別是北方毗沙門天王像和八大明王護法像以及千尋塔出土的大黑天神像等，也反映了南詔大理時密宗流行的特點。

劍川石窟開鑿於晚唐至宋代。此時正為四川石窟的盛期。劍川石窟造像的題材和造型，與四川石窟多有相同之處。而四川石窟受到唐兩京地區密宗的影響較多，這就為探討雲南的密宗造像，提供了重要線索。

▶ 大理劍川石窟。

涼山岩畫與密宗有什麼關係？

涼山岩畫陰刻於四川涼山彝族自治州昭覺縣博什瓦黑（彝語，意為蛇門巖）的十六塊巨石上，是一處大型摩崖線刻畫遺跡。

涼山岩畫的內容基本為佛教造像，其中很多是密宗題材。南區中心為一組涅槃佛像，下層有釋迦、觀音等像。觀音菩薩像較多，有雙臂戴寶冠持淨瓶者，也有三面十二臂觀音。其他造像，有四天王像，著冠，現忿怒形。有多尊明王像，三面六臂，正面作忿怒形，手持輪、索、劍、刀等各種法器，或足踏夜叉，或騎坐於水牛上。此外，還有犀牛、麒麟、龜、鴿等鳥獸。值得注意的是，一組六人騎馬出行圖，馬上人物有的戴高冠，有的著帕頭，馬前有奔犬，空中有飛龍。戴高冠人物，高冠與劍川石窟及《張勝溫畫卷》中南詔大理國王的服飾相同，馬為建昌馬，手執蠻鞭，應為當地王者像。另有一男人像，捲髮，穿長袍，左手持扇，背後有帽、杖和瓶，這是當地原始巫教的巫師一筆摩的形象。

涼山密宗岩刻，與劍川石窟多有相似之處：盛行觀音崇拜，多天王像和明王像等。刻出王者出行行列和巫師筆摩形像，也與劍川石窟雕刻南詔王的傳統一致。岩畫時代為唐宋時期，即南詔晚期至大理時期。涼山在歷史上曾歸屬於南詔國，時涼山為嶲州，建西昌府。始治涼山的是南詔豐祐王之子世隆，稱景莊王。因此，出行隊伍中的國王，有可能就是景莊王。

▼ 涼山巖畫是一處以少數民族為主體內容的岩畫。

水陸畫與密宗有什麼關係？

水陸法會，全名是「法界聖凡水陸普度大齋勝會」，簡稱水陸法會或水陸道場。舉行法會時，殿堂上懸掛的宗教畫或石窟佛寺中的壁畫和塑像，稱為水陸畫。

水陸法會，是中國佛教經懺法事中最隆重的一種。這種法事是由梁武帝的《六道慈懺》（《即梁皇懺》）和唐代密宗冥道無遮大齋相結合發展起來的。宋神宗熙寧年間（一○六八～一○七七年），東川楊鍔採納密宗儀軌，將唐代密宗的「冥道無遮大齋」和原有的梁武帝「六道慈懺」相結合，撰成《水陸儀》三卷行於世。「水陸」之名，始見於宋遵式（九六四～一○三二年）的《施食正名》「取諸仙致食於流水，鬼致食於淨地」。

現行水陸佛事分內外壇，以內壇為主。內壇懸掛毗盧佛、釋迦佛、阿彌陀佛等像。外壇修「梁皇懺」，誦法華、淨土等經，設「焰口施食」（「焰口」就是「面然」，為一餓鬼名）。水陸畫亦分上下二堂，上堂為佛、菩薩、緣覺、祖師、明王、護法及印度古仙人等像。下堂為天、人、阿修羅、餓鬼、地獄、畜生等六道像，還有山嶽江海諸神、儒士神仙、城隍土地、善惡諸神等像。水陸道場和水陸畫，都是集儒、道、釋之大成。其中就包括毗盧佛、明王、六道輪迴等許多密宗題材。所以，現存中國的水陸遺跡，包括石窟、佛寺中的水陸畫，就多與密宗題材有關。

▶ 山西右玉水陸畫。

藏傳佛教的法器有哪些種類？

藏傳佛教的法器式樣繁多，但不外乎修息、增、懷、誅四種。息為息災；增為增益；懷即懷愛；誅為誅魔，又稱降伏。按此四種法門，所用法器也有所別，息災法多用白色，如銀製之件；增益法多用黃色，如金質之品；懷愛多用紅色，如銅器之類；降伏法多用黑色，如鐵製法器。

藏傳佛教法器的形式大多仿自印度，或者稍加更變，主要的法器大致如下：

（一）袈裟：一般為紫紅色，活佛的袈裟可用明黃色。穿著時纏身而露右肩。

（二）項珠：也稱掛珠。種類很多，有菩提子、金剛子、水晶、珍珠、珊瑚、琥珀、瑪瑙、玻璃、人頭骨等，作法時掛於項上。

（三）哈達：哈達是用薄絹製成的，有白、紅、黃、藍等多種顏色，大者長丈餘，小者三尺。藏族以獻哈達表以敬意，其長短及顏色則視尊者之地位而定。

（四）鼓：有大鼓、腰鼓、羯鼓、銅鼓等。最為獨特的是骷髏鼓，俗稱為嘎巴拉鼓，藏語稱為「扎瑪如」，是用兩塊人頂骨弧面粘接而成，然後兩面蒙上猴皮，左右有骨墜，下有一個小柄及絲條帶子。有大小兩種，直徑分別為二十公分和十公分左右。按照密教經典規定，這種手鼓在法會演奏時和金剛鈴並用。鼓的種類很多，除骷髏手鼓外，另外還有一種曲柄鼓，它的鼓錘曲如弓形，鼓的直徑約一公尺，下有一柄，誦經時，喇嘛自己用左手持鼓柄，右手用曲柄的鼓錘伴奏。這是漢地寺廟地所絕沒有的。

（五）白海螺：是法會吹奏的一種樂器。按佛經說，釋迦牟尼佛說法時聲音響亮如同大海螺聲一樣響徹四方，所以用來代表法音。在《大日

◀ 鏤空金製十八子佛珠串。
▶ 銀製轉經輪。

經》中即有「汝自於今日，轉於救世輪，其音普周遍，吹無法法螺」。就是這個意思。它或可稱為「妙音吉祥」。

（六）骨笛：藏語稱為「罡洞」，長約三十公分左右，是用人的小腿骨製成，局部包銀或銅，吹起來聲音尖利刺耳。

（七）幢：有羽毛、寶石、金飾、絲絹等類，其形式如呈圓柱形，叫做勝尊幢。用來代表解脫煩惱，得到覺悟的象徵。藏傳佛教更認為幢是戒、定、慧、解脫、大悲、緣起和脫離偏見之象徵，所謂有十一種煩惱只有勝尊幢才能降伏。

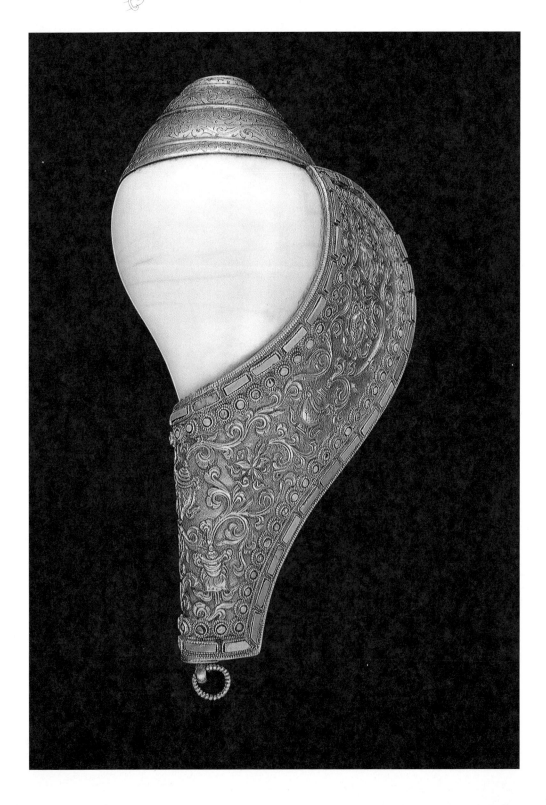

（八）白傘蓋：傘在古代印度本來是貴族和皇室的象徵，是貴族出行時的儀仗器具。後來被佛教採用，象徵著遮蔽魔障，守護佛法。

（九）金剛杵：金剛杵原是古印度的兵器，後來被密教吸收為法器。佛教密教則用它來代表堅固鋒利之智，可斷除煩惱、除惡魔，因此其代表佛智、空性、真如、智慧等。《大藏密要說》說，金剛杵是菩提心義，能「斷壞二邊契於中道，中有十六大菩薩位，亦表十六空為中道，兩邊各有五股，五佛五智義，亦表十波羅蜜能摧十種煩惱」。金剛杵有獨股的、三股的、五股的、九股的，一般以五股的為多見。在圖案和曼荼羅上，還常可以看到兩個金剛杵垂直交叉，呈十字形，稱為金剛交杵，據《陀羅尼集經》卷四《十一面觀音神咒經》說：「如果要使修法有成就，修法時的壇場外院四角要安立金剛杵交叉如十字形。」

（十）金剛鈴：金剛鈴也是修法時用的法器，柄端也有佛頭、觀音或五股金剛杵形。這五股金剛杵形的稱為五生牯鈴。鈴的意思是驚覺諸尊，警悟有情的意思。在和金剛杵一起使用時，就有陰陽的含義在其內，一般以金剛杵代表陽性，以金剛鈴代表陰性，有陰陽和合的意思。

（十一）金剛橛：原來也是兵器，後來被密教吸收為法器，有銅、銀、木、象牙等各種材料製成，外形上大同小異，都是有一尖刃頭，但手把上因用途不同而裝飾不同。有的手柄是佛頭；也有的是觀音菩薩像，頭戴五骷髏冠，最上端又有馬頭。它含有忿怒，降伏的意思。金剛橛又叫四方橛或四橛，修法時在壇場的四角豎立，意思是使道場範圍內堅固如金剛，各種魔障不能來危害。

◀ 銅鎏金嵌松石海螺法號。
▶ 銀鎏金鑲珊瑚綠松石法冠。

國家圖書館出版品預行編目資料

佛教百科・密宗卷 ／ 李冀誠、丁明夷著. － 第一版. －
臺北市：胡桃木文化, 2007〔民96〕
　　面；　　公分. －（額爾古納. 佛教百科；02）
ISBN 978-957-8320-84-0（平裝）

1. 藏傳佛教 － 問題集

226.9022　　　　　　　　　95023823

佛教百科02

佛教百科・密宗卷

作　　者／李冀誠、丁明夷

責任編輯／苗　龍

發 行 人／謝俊龍

製　　作／額爾古納出版

出　　版／額爾古納出版
　　　　　106台北市安居街118巷17號
　　　　　讀者服務部Tel：(02)2363-7938
　　　　　　　　　　Fax：(02)2367-5949
　　　　　編　輯　部Tel：(02)2364-0872
　　　　　　　　　　Fax：(02)2364-0873

總 經 銷／飛鴻國際行銷股份有限公司
　　　　　台北縣新店市中正路501-9號2F
　　　　　Tel：(02)8218-6688　Fax：(02)8218-6458~9
　　　　　http://www.fh6688.com.tw

排　　版／方野創意(02)2230-8611

製　　版／漢藝有限公司(02)2247-7654

出版日期／2007年01月第一版第一刷

定　　價／380元

網　　站／http://www.clio.com.tw

E －mail／reader@clio.com.tw

※本著作由北京日知經遠圖書有限公司(www.rzbook.com)授權※

※中文繁體字版權為知書房出版社所有※

※本書如有缺頁、製幀錯誤，請寄回更換※

ISBN 978-957-8320-84-0　　　　　　　　Printed in Taiwan